Inhalt

Eine Seefahrt, die ist lustig, eine Seefahrt, die ist schön ...« Wer hätte keine Freude daran, an einer Seefahrt teilzunehmen, vor allem wenn sie Freizeit und Arbeit organisch miteinander verbinden kann? Als jungen Priester in den ersten Jahren nach der Priesterweihe hat mich ein Bekannter darauf aufmerksam gemacht, dass das Auslandssekretariat der Deutschen Bischofskonferenz Bordseelsorger für Kreuzfahrtschiffe suchte. Damals bewarb ich mich bei dieser Stelle in Bonn, was damals noch einfacher und unkomplizierter war als heute. Es gab keine Auswahlverfahren, sondern man stellte sich beim Jahrestreffen der Bordseelsorger einfach vor und bekam die erste Reisebegleitung zugeteilt.

Das war der Beginn einer interessanten und beglückenden Nebenbeschäftigung für mich als katholischen Priester. Ich konnte den Seelsorgeradius meiner Pfarrei, in der ich damals arbeitete, weiten, ja aufsprengen auf große Ziele hin. Nachdem ich in der ehemaligen DDR aufgewachsen bin, also hinter dem Eisernen Vorhang, ohne die Möglichkeit, ins westliche Ausland zu reisen, trage ich seit Kindesbeinen eine tiefe Sehnsucht und Leidenschaft nach unbekannten Weiten in mir.

So jung, wie ich damals war, war mir die Aufgabenbezeichnung »Bordpfarrer« zu viel und zu hoch. In meiner Pfarrei war ich ja damals gerade einmal Kaplan, das heißt, ich konnte zwar schon als Seelsorger arbeiten und die Sakramente feiern, hatte aber noch nicht die volle Verantwortung für eine Pfarrei. Ich erinnere mich noch gut, dass man der Reederei im Vorfeld der Reise ein Foto und einen Lebenslauf zuschicken sollte, die für eine Vorstellung im Schaukasten des Schiffes Verwendung finden würden. Ich stellte mich damals nicht als Bordpfarrer vor, sondern als Bordkaplan. Das schien mir näher an meiner heimischen Aufgabe zu sein, die ich in meiner Gemeinde wahrzunehmen hatte. Weil das Publikum auf den großen Kreuzfahrtschiffen, wenn es sich nicht gerade um Clubschiffe handelt, altersmäßig eher gesetzt ist, begegneten mir viele Passagiere mit großer Sympathie und Dankbarkeit, wahrscheinlich gerade deshalb, weil sie einem jüngeren Crewmitglied begegneten. Als Anfänger war es mir recht, an Bord einen Vertrauensvorschuss zu genießen.

Als ich dann das erste Mal an Bord ging, staunte ich nicht wenig, dass die meisten Mitreisenden schon oft und oft auf Kreuzfahrtschiffen unterwegs gewesen sind und von Reisen in entfernteste Regionen dieser Welt berichten konnten. Ich erwartete in meiner Unbedarftheit, dass man sich eine Kreuzfahrt nur einmal im Leben leisten würde. Das war eine meiner ersten Erfahrungen, an die ich mich noch heute erinnern kann, dass der Mikrokosmos Schiff aus Menschen besteht, von denen viele immer wieder eine Kreuzfahrt buchen und geradezu an Bord zu Hause sind. So hatte ich vor allem auf meiner ersten Reisebegleitung als Bordkaplan viel zu lernen. Es eröffneten sich mir ganz neue Erfahrungen von Menschen, für die es kaum Grenzen gibt. Es war für mich ebenso spannend wie bereichernd, von den Reiseerlebnissen dieser Menschen zu hören und mich von ihrer Begeisterung anstecken zu lassen.

Vor meiner letzten Reise als Bordpfarrer empfahlen mir Freunde, doch etwas von meinen Erlebnissen niederzuschreiben, weil sie meine Berichte im kleinen Kreis als interessant und spannend gelesen hatten. So bin ich im letzten Jahr mit dem festen Vorsatz an Bord gegangen, mir unterwegs immer wieder Notizen zu machen über Begegnungen und Erlebnisse, die es mir wert schienen, weitererzählt zu werden.

Das Resultat halten Sie nun in Händen. Dieses Büchlein sammelt die Anekdoten, die ich auf meiner letzten Reise als Bordpfarrer erfahren und niedergeschrieben habe. Der Herder-Verlag ermutigte mich, dieses Rohmaterial wie einen Diamanten zu schleifen und zu bearbeiten, damit daraus ein Büchlein werden kann. Es möchte auf der einen Seite Anregungen geben, selbst Wege zu gehen, die tiefe Spuren in unserem Leben hinterlassen, und andererseits auf diese Erfahrungen reflektieren und die Wege Gottes mit uns Menschen darin entdecken.

So lade ich Sie auf den kommenden Seiten ein, mit mir an Bord zu gehen und mich als Bordpfarrer zu begleiten. Ich erzähle Ihnen manche Begebenheiten, die ich erfahren habe – keine außergewöhnlichen Dinge, aber Begegnungen mit Menschen, die für mich bereichernd und anregend waren. Ich habe im Leben immer wieder erfahren dürfen, dass es sich lohnt, auch den kleinen, unscheinbaren Erfahrungen Aufmerksamkeit zu schenken, weil sich in ihnen und durch sie Gottes Wirken, seine Liebe, seine Aufmerksamkeit uns Menschen gegenüber zeigt und manifestiert. So wird die Erfahrung einer Schiffsfahrt zur Erfahrung des Lebens auf den Meeren der Zeit, zum Impuls, selbst aufzubrechen, um zur Liebesgabe für andere zu werden, die sich in ein Geschenk für einen selbst verwandeln.

Schönstatt, im Frühjahr 2021

Präludium

Ausfahrt mit Hindernissen *oder* Angst vor Pandemie

»Leinen los!« Alle Passagiere stehen auf den Außendecks und winken den im Hafen stehenden Menschen zu. Die Schiffsmelodie tönt aus allen Lautsprechern über und unter Deck. Das tiefe Schiffssignal trötet und geht durch Mark und Bein. Wie wird die Reise werden? Welche Erlebnisse warten auf uns? Wird alles gut gehen?

Diese Gedanken beschäftigen mich, als wir in unsere Kreuzfahrt starten, die ich als Bordpfarrer begleite. Ich blicke in viele gespannte Gesichter von Mitreisenden, die sich sichtbar freuen, dass es nun losgeht und wir in See stechen. Die Abendsonne hüllt uns in ein rotes Licht und der Wind frischt auf, je weiter wir uns vom Land entfernen. Es wird Zeit, sich für das erste Abendessen im Restaurant zu rüsten und dafür nach unten in die Kabine zu gehen.

Beim Betreten des Restaurants fällt mir auf, dass die Stewards uns nicht wie gewohnt die Hand reichen, sondern auffordern, uns die Hände mit Desinfektionsspray zu reinigen. Treu und brav folgen wir alle dieser Anweisung. Ich muss einmal den ganzen Saal durchschreiten, um zum großen Tisch der Künstler am Saalende in der Mitte zu kommen – die Bordpfarrer werden nämlich auch zu den Künstlern gerechnet. Die beliebtesten Tische sind im Restaurant immer die außen, an den Fenstern gelegenen. Deshalb ist der Künstlertisch immer in der Mitte, wo ohnehin niemand gern sitzen möchte. Einige meiner Kollegen habe ich schon beim Einschiffen kennengelernt, mit den anderen mache ich mich jetzt bekannt. Wir sind wieder ein munteres fahrendes Völkchen an Musikern, Lektoren, Sportanimateuren und eben mir, dem Bordpfarrer. Wenn wir auf dieser Reise auch nicht direkt zusammenarbeiten werden – jeder hat ja sein Ressort –, so müssen wir die Zeiten unserer Angebote doch gut aufeinander abstimmen, damit wir uns nicht ins Gehege kommen, vor allem aber, damit uns nicht Kritik der Passagiere entgegenschallt, wenn unterschiedliche Angebote zur selben Zeit angesetzt sind. Aber wie immer können wir uns schnell über diese Dinge verständigen. Alle sind kreuzfahrterfahren und wissen, wie der Hase hier läuft.

Auf dem Tisch stehen Menükarten. Die Mahlzeiten an Bord sind immer opulent-mehrgängig. Die Servierdamen nehmen unsere Bestellungen auf. Zu jedem Gang gibt es mehrere Auswahlmöglichkeiten. Die Bedienungen haben Blätter, auf denen sie die Bestellungen nur ankreuzen müssen, um sie dann an die Küche weiterzumelden. Die Küche weiß aufgrund von Erfahrungswerten schon im Vorfeld recht gut, wie viele Portionen von welchem Gang in etwa bestellt werden. Von daher dauert es nicht lange, bis der erste Gang, meist eine Suppe, aufgetragen wird.

Heute Abend tritt, entgegen sonstiger Gepflogenheiten, ein Vertreter der Kreuzfahrtleitung nach der

Vorsuppe mit einem Mikrofon in der Hand auf. Nach einem weiteren Willkommen und dem Wunsch »Guten Appetit« wird uns mitgeteilt, dass einige Passagiere, die noch von der letzten Reise an Bord sind, von einem längeren Ausflug ins Hochgebirge mit einem Virus an Bord zurückgekommen und jetzt auf ihren Kabinen in Quarantäne sind. Damit sich das Virus nicht auch unter den neu an Bord gekommenen Gästen verbreitet, werden wir um Beachtung besonderer Schutzmaßnahmen gebeten: Öfter, vor allem vor Tisch, sollen wir unsere Hände desinfizieren, und am Buffet gibt es bis auf Weiteres keine Selbstbedienung. Es sollte dann eine knappe Woche dauern, bis uns mitgeteilt wurde, dass alle Gäste wieder genesen sind und die hygienischen Einschränkungen wieder aufgehoben wurden.

Daran erinnere ich mich, als ich dieses Buch im Frühjahr 2020 fertiggestellt und dem Herder-Verlag zugeschickt hatte. Es war die erste Zeit der Coronainfektionen in den meisten Ländern dieser Erde. Dieses Thema war denn auch das vorherrschende in meinen Gesprächen mit dem Lektor, der dieses Buchprojekt begleitet hatte. Wir waren beide überzeugt, dass das Thema Coronavirus, das die Welt aktuell so in Atem hält, auch vorkommen muss, das Buch aber nicht davon geprägt sein soll. Ich hoffe, dass die zweite Welle abgeebbt sein wird, wenn das Buch in den Handel kommt, und wir alle, wenn auch mit Beklemmungen und Schrecken, erleichtert an diese Zeit zurückdenken können.

Was hat sich doch alles verändert, seit die Coronapandemie die ganze Welt in ihren Griff genommen hat! Unsere Welt scheint wie angehalten. Wir alle machen Verlusterfahrungen, weil unsere Pläne durchkreuzt wurden, die wir uns für diese Zeit vorgenommen hatten. So konnte ich in dieser Fastenzeit 2020 keinen meiner bereits vorbereiteten Vorträge halten, nicht für die Schönstattbewegung in Südtirol, nicht bei Besinnungstagen am Canisiushof in meiner Heimatdiözese Eichstätt. Ich konnte vor Ostern nicht, wie geplant, in unser römisches Schönstattzentrum Belmonte fahren und auch meine Teilnahme am Treffen der Regio Nazareth in Burundi nach Ostern ist in diesem Jahr unmöglich. Es fällt mir nicht leicht, das anzunehmen. Psychisch nagt es an uns, was wir alles in dieser Zeit nicht mehr können und dürfen. Das Nichtstun fällt uns schwer.

Das Coronavirus hat für mich die diesjährige Fastenzeit zu einer geistlichen Intensivzeit verändert: Die geschenkte Zeit nutze ich unter anderem auch dafür, jeden Tag im Schönstattkapellchen auf Berg Moriah bei Koblenz, dem Hauptsitz des von mir geleiteten Schönstatt-Priesterverbandes, in den zahllosen Anliegen der Menschen Gott in der Eucharistie anzubeten. Wenn ich weniger nach draußen gehen kann, dann ist es jetzt an der Zeit, dass ich nach innen gehe. Ich möchte auch nicht nur ständig in einer unklaren Zukunft mit der Frage leben: »Wie lange noch? Wann werden (endlich) die Beschränkungen wieder aufgehoben?« Nein, ich möchte ganz im Hier und Jetzt leben! Das gelingt mir am besten in der Versenkung in Gott. Die Fastenzeit 2020 hat sich in gewisser Weise zu einer universalen Fastenzeit auch für nicht glaubende Menschen ausgeweitet. Sie ist wie ein großes Fasten, wie eine große, weltumspannende Abstinenz. Wenn wir uns im Moment keine körperliche Nähe schenken können, dann kommt es umso mehr auf seelische Nähe an. Ich habe es mir deshalb vorgenommen, während der Coronapandemie mehr Leute anzurufen, von denen ich eine Mail bekommen habe, anstatt nur kurz schriftlich zu antworten.

Das Tagungs- und Gästehaus Berg Moriah, in dem ich als Leiter des Schönstatt-Priesterverbandes meinen deutschen Wohnsitz habe, ist seit Langem geschlossen. Für die meisten von uns, also alle, die glimpflich ohne Infektion mit dem Coronavirus davonkommen, ist die Pandemie an sich gar nicht das Schlimmste, sondern die Auswirkungen auf unsere Gesellschaft, besonders die Wirtschaft. Erkranken wir zwar hoffentlich auch nicht selbst an Covid-19, so werden wir doch alle die wirtschaftlichen Konsequenzen des aktuellen Lockdowns spüren und tragen müssen.

Ich kann der Krise aber auch Positives abgewinnen: die vielen Initiativen, in denen sich Menschen gegenseitig helfen, das Gebet so vieler füreinander, die Ideen für Nähe trotz körperlicher Isolation. Es ist beeindruckend, wie viel Zusammenhalt und Solidarität die Coronapandemie weckt. Sie führt auch zu nicht geahnter politischer Einigkeit der Parteien. Nach vielen Jahren, in denen der Staat immer weiter zurückgedrängt wurde und in denen der Individualismus die Oberhand gewann, wächst der Gemeinsinn nun wieder. Das Ich, das zu lange im Mittelpunkt stand, wird nun heilsam an den Rand gedrängt. Wir alle lernen neu, dass niemand allein seines Glückes Schmied ist. Niemand ist allein verantwortlich, erst recht nicht für seine Gesundheitsabsicherung, seine Vorsorge, sein berufliches Auskommen, seine Zukunft. Jeder von uns muss in diesen Tagen sein Verhalten ändern, um die Allgemeinheit zu schützen. Nur wenn wir uns gegenseitig solidarisch helfen, überleben wir, nicht wenn wir nur an uns selbst denken und zu hamstern beginnen. Die Verbreitung des Virus kennt keine nationalen Grenzen. Es wird schon heute deutlich, dass wir künftig viele Dinge nicht mehr nur national organisieren können.

Nicht nur das Virus, gottlob auch die Solidarität kann ansteckend sein: Menschen helfen einander, kaufen für andere ein, melden sich als freiwillige Reservisten bei der Bundeswehr, nutzen die freie Zeit, um als Erntehelfer mitzuwirken, musizieren sich auf den Balkonen gegenseitig Mut zu. Wir lernen neu, was unsere Gesellschaft zusammenhält. Das sind wahrhaft großartige Erfahrungen, die Menschen jetzt machen dürfen und die unser Gemeinwesen hoffentlich auch nach Corona nachhaltig bestimmen werden.

Die ungewollten Einschränkungen bergen aber auch die Chance in sich, dass wir in uns gehen und unser Leben mit seinen üblichen Abläufen auf den Prüfstand stellen. Papst Franziskus erinnerte bei seinem außerordentlichen Segen *Urbi et Orbi* auf dem leeren Petersplatz am 27. März 2020 an die Sünden unserer Zeit und rief einmal mehr zur Umkehr auf: *»Warum habt ihr solche Angst? Habt ihr noch keinen Glauben?« Herr, dein Wort heute Abend trifft und betrifft uns alle. In unserer Welt, die du noch mehr liebst als wir, sind wir mit voller Geschwindigkeit weitergerast und hatten dabei das Gefühl, stark zu sein und alles zu vermögen. In unserer Gewinnsucht haben wir uns ganz von den materiellen Dingen in Anspruch nehmen und von der Eile betäuben lassen. Wir haben vor deinen Mahnrufen nicht angehalten, wir haben uns von Kriegen und weltweiter Ungerechtigkeit nicht aufrütteln lassen, wir haben nicht auf den Schrei der Armen und unseres schwer kranken Planeten gehört. Wir haben unerschrocken weitergemacht in der Meinung, dass wir in einer kranken Welt immer gesund bleiben würden. Jetzt, auf dem stürmischen Meer, bitten wir dich: »Wach auf, Herr!«*

Krise bedeutet auch Chance. Die Coronakrise birgt die Chance in sich, ein Wendepunkt in den Lebensbereichen zu sein, in denen wir uns ungesund entwickelt haben. Vielleicht ist der momentane Stillstand der Beginn für eine Regeneration. Überlegen wir: Was braucht es wirklich und was braucht es nicht?

Die Krise weitet aber auch unseren Horizont. Es geht uns im Moment nicht gut, aber es gibt viele Völker, die schon lange darben: am Horn von Afrika wegen einer vernichtenden Heuschreckenplage, Tausende Migranten und Flüchtlinge in Griechenland, in einem Lager, das denselben Namen trägt wie unser Berg Moriah hier in Schönstatt, die Menschen im Krieg in Syrien und im ganzen Mittleren Osten …

Trost, so wichtig er vor allem für die Hinterbliebenen der Opfer der Pandemie ist, ist nicht genug. Wer gibt im Moment Hoffnung? Das sind die Politiker, die Hilfsprogramme auflegen, damit es »danach« weitergehen kann. Welche Hoffnung spenden aber wir als Christen und als Kirche?

Wo ist Gott? Was will er uns zeigen und zu verstehen geben? Was ist das große Ziel Gottes für seine Schöpfung? In vielen Zeitungsartikeln der letzten Tage fand ich Unverständnis für religiöses Tun. Die Weihe von Diözesen an die Muttergottes oder der vorgezogene Segen *Urbi et Orbi* wurden als »Retrokatholizismus« diffamiert. Mit welchen Inhalten und auf welche Weise sollten Kirchenvertreter und Gläubige in dieser Zeit ihre Stimme in der Öffentlichkeit erheben? Was haben wir Christen Entscheidendes einzubringen? Die gemeinsame Feier der Sakramente in Gottesdiensten ist ja heute offensichtlich nicht mehr systemrelevant, wie die für öffentliche Gottesdienste geschlossenen Kirchen zeigten. Was bringen wir als überlebenswichtig von unserem Glauben her heute ein? Sind wir als Christen so berührbar für die Nöte der Mitmenschen, dass wir anpacken, wo wir die Nöte konkret lindern können, dass wir aber auch geistlich anpacken und die Menschen mit ihren Nöten weiterleiten und dem hinhalten, der unsere Leiden auf sich genommen hat?

Wenn wir nicht mehr zu öffentlichen Gottesdiensten zusammenkommen können, dann bekommt die *ecclesiola*, die Hauskirche, in diesen Tagen eine ganz neue Bedeutung. In Schönstatt sind unsere Hauskirchen unsere Hausheiligtümer, die Orte in unseren Wohnungen, wo wir zum Gebet zusammenkommen und die Gottesmutter von Schönstatt ihren Thron aufgerichtet hat. In unseren Familien muss sich unser Glaube nun bewähren!

Gott schickt nicht das Böse, er lässt es aber zu, weil er unsere Freiheit respektiert. Gott ist nicht Verursacher der Coronapandemie, aber er lässt sie zu. Sie fällt aus seinem Heilsratschluss nicht heraus. Im Sprachgebrauch von Schönstatt würden wir sagen, dass die Zweitursachen eine Eigengesetzlichkeit gegenüber der Erstursache haben. Mit diesen Begriffen drückt sich des Geheimnis der Freiheit der Schöpfung aus: Gott ist die Erstursache, der Grund all dessen, was existiert. Er wirkt aber nicht als Erstursache direkt auf die Menschen ein, um ihnen ihre Freiheit zu lassen. Aber in, mit und durch die Zweitursachen, in Sein, Zeit und Seele handelt und wirkt Gott. Gott hat sich von uns Menschen nicht verabschiedet und uns unserem Schicksal überlassen, sondern er ist und bleibt der Herr der Geschichte! Neben allem Schrecken kann das Virus unserer Gesellschaft einen großen Dienst erweisen. Ob die Welt nach Corona eine andere sein wird, liegt an mir und dir! Nutzen wir die Chance, mit Gottes Hilfe!

1. Kapitel

Einmal um die ganze Welt *oder* Fernweh und die Sehnsucht nach Mehr

Mit Interesse höre ich von nicht wenigen Passagieren, dass sie mit diesem Schiff eine Weltreise machen, also einmal um die ganze Welt fahren. Das dauert ein halbes Jahr. Ich bin erstaunt, dass es nicht Wenige sind, die sich diesen Traum erfüllen. Heute sprach ich mit einer Frau länger darüber. Sie erzählte mir, dass es seit Jahrzehnten ihr Lebenstraum war und ist, auf einem Schiff einmal die ganze Welt zu umrunden. Lange habe sie darauf gespart, denn für den Reisepreis könnte man sich auch einen Neuwagen mittlerer Kategorie kaufen. Meine Gesprächspartnerin sowie die anderen Passagiere, die mir begeistert erzählen, dass sie von Hamburg bis Hamburg an Bord sind, sind durchweg keine extravaganten Leute. Wenn ich sie auf der Straße treffen würde, hielte ich sie für ganz normale Bürger. Offenbar steckt die Sehnsucht nach Weite, einmal die ganze Welt zu umrunden, ganz tief in vielen Menschen drin. Manche erfüllen sich diesen Traum einmal oder gar öfter im Leben mit einer solchen Weltreise.

Meine Gesprächspartnerin erzählt mir auch, dass ihr bewusst ist, dass sie auf dieser Reise einen sehr kurzen und eher oberflächlichen Kontakt mit vielen Ländern haben wird, die sie auf dieser Reise besuchen kann. Und trotzdem sei sie froh, weil es ihr nur mit dem Schiff möglich wäre, alle diese Länder einmal zu berühren und zumindest einen kleinen, ersten Eindruck von

Land und Leuten zu gewinnen. Außerdem seien ihr die Flugreisen in die Länder zu lang, die sie auf dieser Reise recht bequem besuchen kann. Die Orte, die sie zu Hause oft nur mit dem Finger auf dem Globus berührt habe, würden für sie nun greifbar, und sie könne sich konkrete Vorstellungen von Ländern machen, die sie sonst im Leben nie betreten hätte.

Über diese Fernsehnsucht muss ich noch länger nachdenken. Menschen verlassen ihre gewohnte Umgebung, ihre Familien und Freunde, um ein halbes Jahr über die Weltmeere zu schippern und meist nur Hafenstädte oder nahe gelegene Orte zu besuchen. Nachdem ein Schiff sich mit der Geschwindigkeit eines Mofas, also etwa 35 Kilometer in der Stunde, fortbewegt, braucht man für eine solche Weltumrundung wirklich ziemlich lange und ist während vieler Tage nur auf See. Die Seetage sind im Vergleich zu Tagen mit Landgängen viel zahlreicher.

Mir zumindest wird es schnell lang(-weilig), wenn ich einige Tage nicht von Bord komme. Nach meinem Morgengottesdienst und manchen Gesprächen mit Passagieren hält der Tag an Bord für mich ja kaum weitere Aufgaben bereit. Das heißt, ich lese viel, nehme an Bordaktivitäten teil wie Boccia-Spiel auf dem obersten Deck und, das muss ich bekennen, hangle mich manchmal von Mahlzeit zu Mahlzeit. Ein solches Leben wollte ich nicht zu lange führen, vor allem aber kein halbes Jahr lang.

Was also treibt Menschen dazu, das freiwillig und mit großem finanziellen Aufwand zu tun? Ich kann darüber nur spekulieren. Weil das Publikum auf deutschen Kreuzfahrtschiffen eher gesetzt ist, das heißt viele bereits im Rentenalter sind, dürfte ein Grund darin liegen, dass manche einmal im Leben etwas tun möchten, wofür man im aktiven Arbeitsleben einfach keine Zeit hatte. Die ältere Generation hat oft viel Geld angespart, sodass die Ausgaben für die Reise keine unüberwindliche Hürde darstellen. Vielleicht haben auch die Medien das Ihre dazu beigetragen, nachdem in den letzten Jahren, wenn nicht sogar Jahrzehnten, viele Reihen über Kreuzfahrtschiffe im Fernsehen liefen und das Fernweh nicht weniger Fernsehzuschauer geweckt haben dürften. Schließlich ist eine Kreuzfahrt eine recht bequeme Reiseform, denn das Hotelzimmer reist sozusagen mit. Man muss nur einmal auspacken und sieht trotzdem unterschiedlichste Städte und Destinationen. Außerdem ist an Bord für alles bestens gesorgt, was man sonst mühsam selbst organisieren müsste. Deshalb buchen die meisten Gäste hier an Bord auch alle Landausflüge, die ihnen vom Bordreisebüro angeboten werden. Diese sind dann auch wieder ein Rundum-sorglos-Paket, bei dem alles organisiert und abgedeckt ist. Die Kehrseite dieser Versorgung ist bei einigen Gästen ein rechtes Anspruchsdenken, denn sie erwarten, dass ihnen als zahlende Kunden alles immer und bestens zur Verfügung stehen muss. Wenn wir Künstler Ausflüge begleiten, erleben wir dieses Anspruchsdenken, wenn etwas nicht so abläuft wie geplant. Dann wird schnell geknurrt und kritisiert. Es wird von den Escorts auf den Ausflügen erwartet, für gute Stimmung zu sorgen und die Wünsche der Gäste auf die Goldwaage zu legen.

Zum Zeitmanagement auf einer solchen Reise gehört auch, dass die Gäste an Bord die Angebote der Bordseelsorge stärker nutzen, als das gewöhnlich auf dem Festland in einer deutschen Pfarrei der Fall wäre. Es sind hier weit über 10 % der Passagiere, die zu den Gottesdiensten kommen. In deutschen Pfarreien liegt der derzeitige durchschnittliche Sonntagsgottesdienstbesuch bei etwa 10 % der Katholiken im Land. Viele Reisende, die hier an Bord zu den Gottesdiensten kommen, sind bei jedem Gottesdienst da. Andere kommen nur dann und wann, wenn das Bord-Tagesprogramm eine interessante Ausschreibung oder außergewöhnliche Gestaltungselemente für einen Gottesdienst ankündigt.

Bei diesem Gottesdienstangebot achte ich immer auf eine gute Mischung aus solistischer Musik, meist am Anfang und am Ende der Feier durch einen der Bordpianisten, eine biblische Lesung, die ich auslege, bekannte Lieder, die alle gut mitsingen können, und nach Möglichkeit auf eine eingängige Geschichte, mit der man einen Inhalt illustrieren kann.

Interessant ist auch, dass es hier an Bord stärkere Rückmeldungen nach dem Gottesdienst gibt, vielleicht, weil die Leute nicht schnell nach Hause müssen, sondern noch Zeit haben, auf den Bordpfarrer zuzugehen und ihm ein Feedback zu geben. Für mich ist es schön und bereichernd, wenn Reisende selbst Gestaltungsvorschläge für die Gottesdienste einbringen oder sich an den Gottesdiensten aktiv beteiligen als Lektoren oder Musiker.

Mit manchen Gästen bin ich auch nach Reiseende in Kontakt geblieben. Wir schreiben uns gelegentlich E-Mails und ich erhalte manchen Gruß aus der weiten Welt, wenn sie wieder einmal unterwegs sind. Wie schön, dass die Bordseelsorge Menschen miteinander verbinden kann. Ich habe auch einige ökumenische Freunde gefunden, also evangelische Christen, die meine Gottesdienst- und Gesprächsangebote an Bord genutzt haben. Es gibt ja auf jeder Reise nur einen Geistlichen. In der Regel wechseln sich von Reise zu Reise evangelische und katholische Geistliche als Bordpfarrer ab. Die Angebote beider Konfessionen sollen und müssen so sein, dass sich alle gleichermaßen davon angesprochen fühlen. Von daher sind die Gottesdienste werktags, auch wenn sie ein katholischer Geistlicher hält, in der Regel Wortgottesdienste ohne Eucharistiefeier. Auch liturgisch fühle ich mich immer völlig frei, Stimmungen und Gefühle der Menschen an Bord, Gedanken, die sie mitbringen, oder Erfahrungen, die sie auf dem Schiff oder bei Landgängen machen, im Gottesdienst ins Wort und mit Gottes Wort in einen Dialog zu bringen. Es ist etwas Wunderbares, Brücken zu schlagen von dem, was Menschen gerade bewegt, zu der Zusage Gottes: »Seht, ich bin bei euch alle Tage bis ans Ende der Welt« (Mt 28,20). Auf diesem Weg erfahren die Menschen, dass der Glaube etwas mit ihrem Leben zu tun hat, dass Gott nicht ganz fern ist, sondern ein Du an meiner Seite, einer, der sich für mich interessiert, der will, dass mein Leben gelingt.

Oft, zu oft erfahren Menschen in unseren Breiten in Gottesdiensten viel zu wenig Resonanz für ihr eigenes Leben. Der geistliche Input bringt in ihnen nichts zum Schwingen, sondern verhallt stumpf, ungehört und wirkungslos. Gott will unser Inneres aber so berühren, dass es in Schwingung kommt und sich diese Schwingung wie bei einem Instrument ausbreitet, an Klang und Kraft gewinnt, anderes mit seiner Schwingung berührt und so Tiefenschichten des Menschen, seine Seele, erreicht.

Menschen fahren ja deshalb weg, weil sie etwas erleben wollen. Sie lassen das Einerlei ihres Alltags hinter sich, um etwas zu erfahren, um sich auffüllen zu lassen mit Erfahrungen, von denen sie lange zehren und den Alltag überstehen können. Passagiere auf Kreuzfahrtschiffen bilden da keine Ausnahme. Sie sind unternehmungslustig, sie wollen neue Ufer gewinnen, Dinge sehen, die sie sonst nicht zu Gesicht bekommen, Fernen erreichen, die lange unerreichbar schienen. Diese Sehnsucht nach Erlebnis, nach Überstieg, nach Neuem, nach Tiefe will an Bord nicht nur das Reiseprogramm stillen: Die Reedereien leisten sich den Luxus, auch Geistliche mitzunehmen, die die Erfahrungen der Passagiere tiefer führen und die Menschen begleiten sollen, diesen Erfahrungen nachzuspüren. Darin habe ich an Bord immer meine große, schöne, herausfordernde, beglückende Aufgabe gesehen.

Oft ruft Jesus seine Jünger in den Evangelien auf: »Fahrt hinaus!« Er selbst zieht mit seinen Jüngern und seiner Gefolgschaft als Wanderprediger durch Israel und Palästina und lehrt und trainiert sie. Es ist für die Anhänger Jesu zu allen Zeiten gefährlich, sitzen zu bleiben, sich einzurichten, sesshaft und behäbig zu werden, den Aufbruch nicht mehr zu wagen, zu meinen, alles bereits zu kennen und zu wissen. Zum Glauben an Jesus gehört das Wagnis, die Bereitschaft, sich an neue Ufer führen zu lassen, die Neuheit und Aktualität der Botschaft Jesu je neu zu vernehmen und sich in Bewegung versetzen zu lassen.

Weil das die Kirchenleitungen wissen, unterstützen sie die Bitte der Reedereien, Geistliche für die Bordseelsorge zu entsenden. In Zeiten, in denen der liebe Gott in unseren Breiten zu wenig Bodenpersonal hat, wäre es für die Kirchenverantwortlichen ja ein Leichtes, den Rotstift bei solchen Schmetterlingsaufgaben wie der Bordseelsorge anzusetzen. Ich bin sehr froh, dass die Verantwortlichen das nicht tun, hoffentlich, weil sie wissen oder zumindest ahnen, dass Menschen in Zeiten von Erholung, Reise und Urlaub besonders aufgeschlossen sind für das

Neue und Frische, und die Kirche mit ihrer frohen Botschaft sich gerade da nicht ausklinken darf, wo es ums Neue und Frische geht. Der Glaube will und kann Bereicherung des Lebens sein und es vertiefen. Gott hat eine Freiheitsgeschichte mit uns Menschen begonnen und er schreibt sie jeden Tag mit einem jeden von uns weiter.

Vor der Reise steht die Frage: Wo will ich eigentlich hin? Was ist mein Ziel? Wie möchte ich es erreichen? Wie schnell und wie bequem? Wie viel Zeit habe ich und wie und wo will ich sie nutzen? Wohin treibt mich mein Fernweh und die Sehnsucht nach Mehr?

Diesen Fragen wollen wir auf den folgenden Seiten miteinander nachgehen. Wir wünschen uns ja dann und wann die Möglichkeit, in unserem Leben »zurück auf Los« gehen zu können. Wer nicht wagt, der nicht gewinnt! Was schenkt uns aber neue Aufbrüche?

2. Kapitel

Möchte ich tauschen?
oder Leinen los

Heute gehen wir vor einer nur 4,5 Quadratkilometer kleinen Insel vor Anker. Die nächste Insel ist von hier über 500 Kilometer entfernt. Die See schien zwar ruhig, aber die Strömungen vor der Insel sind doch so stark, dass ein Anlanden mit kleinen Tenderbooten leider unmöglich ist. So kommen über die Hälfte der etwa 50 Insulaner mit einem kleinen Motorboot zu unserem großen Schiff gefahren und klettern an Bord. Sie haben handwerkliche Produkte dabei, die reißenden Absatz bei den Passagieren finden.

Am Abend, als wir wieder Fahrt aufnehmen und diese kleine Insel unseren Blicken immer mehr entschwindet, habe ich ein interessantes Gespräch mit einer Mit-Passagierin. Noch sehen wir in der Ferne die kleine Insel wie ein Nest im Meer. Wir blicken gebannt dorthin, solange wir die Insel noch wahrnehmen können. Dann sagt mir die Dame, wie beeindruckt sie von der Insel und den Insulanern gewesen sei. Die Erfahrungen dieses Tages gingen ihr noch stark nach. Sie sei so dankbar für die heutigen Erlebnisse. Und dann stellt sie mir die Frage, was mir denn jetzt am Ende dieses Tages an der Insel durch den Kopf gehe.

So teilte ich mit ihr die Frage, die mich heute schon den ganzen Tag beschäftigte: Könnte ich mir vorstellen, auf einer solch abgeschiedenen Insel zu leben? Mir ist bewusst, dass diese Frage natürlich vergleichend ist: Ich vergleiche mein Leben mit dem der Insulaner. Ich habe einen weiten Bewegungsradius. Die Bewohner dieser Insel leben auf kleinstem Raum und haben nur selten die Möglichkeit, ihre Insel zu verlassen. Viele der Möglichkeiten, die wir Europäer haben, hier und dort zu wohnen und zu arbeiten, zu reisen, Aktivitäten zu entwickeln, sind hier schlicht nicht gegeben. Dabei machten die Insulaner, denen wir heute an ihren Verkaufsständen hier an Bord begegnet sind, keinesfalls einen unglücklichen Eindruck. Im Gegenteil: Es begegneten uns Menschen, die vielleicht glücklicher sind als wir selbst.

Möchte ich mit ihnen tauschen? Freiwillig eher nicht. Wenn ich mich in eine Situation hineindenke, dass man mir diese Insel als mein neues Lebens- und Aufgabenfeld zuweisen würde, wird mir als Erstes bewusst, dass ich als Priester dann nur noch für etwa 50 Mitbewohner zuständig wäre. Im Moment bin ich als Generalrektor des Schönstatt-Priesterverbandes für etwa 250 Priester weltweit zuständig, die zu unserem Säkularinstitut gehören. Ein Pfarrer ist für seine Pfarrei zuständig. Für 50 Leute könnte ich meine Seelsorge stark persönlich ausrichten und auf Einzelne hin intensivieren. Vermutlich würde ich auch viel schreiben in der Hoffnung, mit Büchern einen größeren Kreis von Personen über diese Insel hinaus erreichen zu können. Ganz sicher hätte die große Freizügigkeit, die wir in Europa haben, abrupt ein Ende für mich, weil man von hier nicht so leicht wegkommt. Über diese Schnelllebigkeit klagen wir aber auch oft und sehnen uns nach einem einfacheren, leiseren und langsameren Leben.

Was ist besser, hier oder dort zu leben und zu arbeiten, auf dieser kleinen Insel oder im Deutschland unserer Tage? Das ist eine interessante Frage, auf die mich das Gespräch mit dieser Dame bringt.

Was sind die Kategorien zur Beantwortung dieser Frage? Was kenne ich? Was ist mir vertraut? Was habe ich schon erlebt? Zu welchen Änderungen bin ich im Leben bereit?

Ich habe den Eindruck, dass ich von mir aus nicht mit einem der Insulaner tauschen würde. Ich könnte mir aber vorstellen, dass unter besonderen Umständen eine Veränderung für mich auf diese Insel mit interessanten und bereichernden Neuerfahrungen verbunden wäre. Ganz sicher ist, dass mein Leben hier und dort unvergleichbar anders sein würde, aber auf beiden Seiten ein gutes, erfülltes Leben möglich wäre. Ich bin überzeugt, dass der liebe Gott einen Plan für einen jeden Menschen hat. Je stärker ein Mensch diesen Plan Gottes erkennt und erfüllt, desto gelingender wird sein Leben sein. Es geht nicht so sehr darum, selbst Pläne für das eigene Leben zu spinnen, sondern innerhalb der Konstellationen, in die mich der liebe Gott mit meiner Herkunftsfamilie, mit meinem Wohnort und meinem Beruf gestellt hat, feinfühlig herauszufinden, was ich tun kann, was meine Lebensaufgabe ist, die niemand anders, nur ich selbst erfüllen kann. Ich sehe mich dann nicht als ein kleines

Schräubchen im Getriebe der Welt, sondern als einen wichtigen, einzigartigen Teil dieser Welt. Ich darf innerhalb meiner Möglichkeiten mitarbeiten und mitwirken zum Lobe Gottes und zur Freude der Menschen.

Oft aber hindern uns Bequemlichkeit oder Angst an einem in diesem Sinn erfüllten und erfüllenden Leben. Bei einer Kreuzfahrt müssen wir aufbrechen, unsere »Leinen losmachen« und uns aufmachen zu neuen Ufern. Wir müssen uns einlassen auf andere Menschen, denn das Leben an Bord ist immer ein Leben in Gemeinschaft. »Leinen los!« bedeutet auch eine Aufforderung an die Kirche: Fahrt hinaus, brecht auf, bringt das Evangelium allen Völkern (vgl. Mt 28,18–20)!

Die Kirche selbst ist vergleichbar einem Schiff auf hoher See. Ihre Sicherheit hat sie nicht in sich, sondern empfängt sie vom Herrn der Zeit und der Geschichte. Deshalb ist eine selbstreferenzielle Kirche ein Widerspruch in sich: eine Kirche, die es sich bequem einrichtet und nicht mehr hinausfährt auf die Wasser der Zeit. Die Kirche würde dann einem Schiff gleichen, das immer am Ufer an Tauen festgemacht ist. Es erfüllt seine Zwecke nicht mehr, in See zu stechen und zu gleiten auf den Wellen der Meere. Sie gibt damit Sicherheiten auf, das ist klar. Aber das Schiff der Kirche kann nur neue Ufer gewinnen, wenn es zu allen Zeiten das Wagnis des Aufbruchs eingeht. Schon die Jünger auf dem Berg Tabor wollten Hütten bauen, weil es dort so schön war und die Erfahrungen so überwältigend (vgl. Mt 17,4).

Doch Jesus lehrte sie den Abstieg in die Wirklichkeit ihres rauen Lebens, letztlich den Abstieg hin nach Jerusalem zu Kreuz und Leid.

Eine Kreuzfahrt kann deshalb auch verstanden werden als Symbol für die Notwendigkeit, im eigenen Leben immer wieder die Leinen loszumachen, das Wagnis des Aufbruchs und der Fremde einzugehen. Menschen spüren das wohl intuitiv, weshalb es noch nie einen solchen Ansturm auf Kreuzfahrten gab wie heute. Doch erfüllt sich die tiefe Sehnsucht der Menschen auch, wenn sie eine solche Reise buchen? Wird eine Kreuzfahrt automatisch zur Erfahrung neuer Räume und großer Weiten? Wohl nicht automatisch, aber als Sinnbild für einen inneren Vorgang schon. Wer sich auf einer Kreuzfahrt auf das Neue um sich – die Menschen an Bord, die Ziele der Reise, die Menschen, denen man dort begegnet – tief innerlich einlassen, sich also für sie interessieren, ihr Leben teilen will, für den kann eine Kreuzfahrt tatsächlich zum Impuls für einen eigenen Lebensaufbruch werden.

An Bord eines Kreuzfahrtschiffes begegnet uns quasi die ganze Welt auf kleinem Raum, ein Mikrokosmos im großen Kosmos, eine Nussschale auf den Weiten der Ozeane. Wer meint, er könnte seine kleine Welt zu Hause zurücklassen, wird sie schnell an Bord wiederfinden. Hier sind auch Menschen, wie wir sie zu Hause zurückgelassen haben, mit ihren Sorgen und Nöten, ihrer begrenzten Sicht und ihren Ansichten. Diese

Menschen soll die Bordseelsorge vorbehaltlos annehmen und begleiten. Seelsorge ist vor allem Begleitung
von Menschen in der Perspektive, dass es Gott mit uns
Menschen gut meint. Seelsorger dürfen der verlängerte
Arm Gottes sein. Seine Liebe und Güte kommt zu uns
Menschen nicht nur, aber auch durch die Liebe und
Güte, die Menschen im Namen Gottes ausstrahlen, mit
denen sie anderen Menschen begegnen. Gott ist die
erste Ursache, er steht als Schöpfer und Erhalter hinter
allen Dingen. Er hat alles ins Dasein gerufen. Das hebt
nicht auf, dass er in seine Schöpfung Gesetze der Entwicklung eingeschrieben hat, der Physik und der Bio-
logie, durch die unsere Welt Entwicklung und Wachs-
tum kennt. Dass aber ist, was ist, verdanken wir dem
Willen eines liebenden Gottes, der dialogisch angelegt
ist und Freude am Kontakt mit seinen Geschöpfen hat.
Gott ist keine Monade, die in sich ruht, kein Buddha,
der absolut selbstzentriert ist und niemanden um sich
braucht, sondern Gott begibt sich in Beziehung und damit in Abhängigkeit zu seinen Geschöpfen. Wer im Namen Gottes als Seelsorger oder Seelsorgerin Dienste tut,
soll es in der Perspektive tun, dass durch sein Tun und
Handeln etwas vom Sein Gottes selbst durchstrahlt und
ansichtig wird. Die Zweitursache, der Mensch, wird so
transparent auf die Erstursache, auf Gott, hin.

Erste und wichtigste Aufgabe von Seelsorgenden ist
das Zuhören. Der Bordpfarrer greift die Erfahrungen der
Menschen, mit denen er es an Bord zu tun bekommt, auf

und versucht, sie tiefer zu führen. Als säkulare Menschen mitten in einer säkularisierten Umgebung erfahren wir die Dinge ja fast nur materialistisch, das heißt oberflächlich, von der Materie her. Alles hat aber tiefere Schichten, die etwas mit unserer einzigartigen Berufung als Menschen zu tun haben, von Gott geschaffen, gerufen und gesandt zu sein. Deshalb tragen wir eine unstillbare Sehnsucht nach Spiritualität in uns und freuen uns über Menschen, die diese Innenseite unserer Existenz zumindest dann und wann zum Schwingen und Klingen bringen können. Unsere Lebensschicksale spielen dabei eine große Rolle, denn sie haben uns zu dem gemacht, was wir heute sind, wie wir empfinden, urteilen und denken. Ein guter Seelsorger versucht, an diese Tiefenschichten der Existenz heranzukommen und damit dem Menschen seine Bezüglichkeit auf Gott als ein liebendes Du zu offenbaren.

Was heißt das aber konkret für die Kirche, die zu allen Zeiten neu die Leinen losmachen soll, um hinauszufahren, dorthin, wohin sie der Atem Gottes, der Heilige Geist, führen will? Erst einmal heißt das, ein Bewusstsein dafür haben oder neu zu entwickeln, dass auch die Kirche immer wieder neu herausgerufen ist. Wie ein Bordpfarrer, der sich auf die Einzelnen einlässt und aus den mit ihnen geteilten Erfahrungen die Themen seiner Gottesdienste bestimmt, so wird auch die Kirche versuchen, vom Einzelnen her zu denken und seine Kompetenzen zu fördern. Die Charismen, also die Begabungen, die jeder einzelne Mensch von Gott für sich und für die Gemeinschaft erhalten hat, werden als Erstes wahrgenommen und gefördert, bevor es um die Verteilung von Aufgaben geht. Die Kirche braucht einen solchen Perspektivenwechsel der Charismenorientierung vor einer Zentrierung auf die Aufgaben heute mehr denn je und die Überzeugung, dass jede und jeder Begabungen erhalten hat, die wichtig für alle sind: »Jedem aber wird die Offenbarung des Geistes verliehen zum allgemeinen Nutzen. Denn durch einen Geist sind auch wir alle zu einem Leib getauft worden, ob Juden oder Griechen, ob Sklaven oder Freie; und alle wurden wir mit einem Geist getränkt. [...] gerade die Glieder des Leibes, die als schwächere gelten, sind notwendig« (vgl. 1 Kor 12,7.13.22). Charisma, von Gott geschenkte Begabung, hat immer auch etwas mit Veranlagung zu tun, und damit mit Leichtigkeit und Freude, mit natürlicher Fähigkeit, mit der sich Gottes Geist mit einem Menschen verbündet und ihn durchfließt. Freilich darf die Kirche, genauso wie jeder Einzelne, Gott darum bitten, dass die Charismen entwickelt und ausgebildet werden zum Besseren aller. Denn Paulus selbst rief die Christen in Korinth dazu auf: »Strebt nach den höheren Gnadengaben!« (vgl. 1 Kor 12,31 ff.). Ein Bitten und Streben nach Charismen ist also biblisch und legitim.

Die neuen, weiteren pastoralen Räume, in denen sich die Kirche in unseren Breiten konkretisieren wird, muss netzwerkartige Kooperationsformen finden. Wenn sie mehr und mehr charismenorientiert denkt, wird sie sich verabschieden von der Vorstellung, dass alle kirchlichen Aufgaben wie bisher weitergeführt werden müssten. Die zukünftige Pastoral wird um eine Reduzierung auf die notwendigen Aufgaben und die Entwicklung entsprechender Aufgabenkriterien nicht umhinkommen. Kirchliches Handeln wird mehr und mehr auch dort entdeckt werden, wo auch nicht-hauptamtliche kirchliche Mitarbeiter handeln bzw. anwesend sind. Versammlungen zum Lobe Gottes, also Gottesdienste, wird es künftig also verstärkt auch dort geben, wo nicht geweihte Amtsträger, heute missverständlich Laien genannt, Gottesdienste feiern. Eine solche Kirche lebt das synodale Prinzip.

In der in der Schönstattbewegung gewachsenen Spiritualität haben wir Erfahrungen großer Wirksamkeit gemacht überall dort, wo der Einzelne sein Charisma einbringt im Einklang mit seinem persönlichen Ideal, also dem, was Gott ihm als seine persönliche, einzigartige Lebensaufgabe gegeben hat. Ein Mensch erfährt dann in Ort, Raum und Zeit, in seinem Arbeitsumfeld, dass er oder sie gebraucht wird. Schließlich optimiert das Zusammenspiel mit anderen im Team und der Mitarbeiterschaft die Wirkung durch gegenseitige Ergänzung. Alle haben eine gemeinsame Zielrichtung und arbeiten, in je unterschiedlicher Weise, gemeinsam am Aufbau des Reiches Gottes hier auf Erden.

Jemand, der das liest, könnte erschrecken und zurückschrecken vor der großen Aufgabe, die damit jedem einzelnen Menschen zugedacht ist. Auch Pater

Kentenich ging es wohl so am Anfang seiner Tätigkeit als junger Priester, als er die Verantwortung eines Spirituals, eines geistlichen Begleiters für junge Menschen, übertragen bekam. Deshalb sagte er den jungen Leuten: »Da kommt nun meine Ernennung zum Spiritual ganz und gar ohne mein Zutun. Es muss also wohl so Gottes Wille sein. Darum füge ich mich, fest entschlossen, alle meine Pflichten euch allen und jedem Einzelnen gegenüber aufs vollkommenste zu erfüllen. Ich stelle mich euch hiermit vollständig zur Verfügung mit allem, was ich bin und habe: mein Wissen und Nichtwissen, mein Können und Nichtkönnen, vor allem aber mein Herz.«

Man kann dem lieben Gott also sogar ein Nichtwissen und Nichtkönnen anbieten. Er kann es verwandeln in Wissen und Können, nicht gegen uns, sondern mit uns, Erst- und Zweitursache vereint und verbunden. Vielleicht denken wir da abschließend an den jungen Schüler Elischa, der von seinem Mentor Elija Weisheit und Kraft erbittet, und sie als sein Nachfolger auch erhält:

> »Darauf sagte Elija zu ihm: Bleib doch hier; denn der Herr schickt mich an den Jordan. Elischa aber sagte: So wahr der Herr lebt und so wahr du lebst, ich verlasse dich nicht! So gingen sie beide miteinander. Es gingen aber fünfzig von den Prophetenjüngern mit und hielten sich in einiger Entfernung abseits auf, während die beiden am Jordan stehen blieben. Elija nahm seinen Mantel, wickelte ihn zusammen und schlug damit auf das Wasser. Da teilte es sich nach der

einen und nach der anderen Seite und beide gingen auf trockenem Grund hinüber. Als sie drüben waren, sagte Elija zu Elischa: Erbitte dir etwas, was ich dir noch tun soll, ehe ich von dir fortgenommen werde! Elischa erwiderte: So möge mir ein doppelter Anteil von deinem Geist zufallen! Da sagte Elija: Du hast etwas erbeten, was schwer zu erfüllen ist. Wenn du mich siehst, wie ich von dir entrückt werde, so wird es dir zuteil werden, wenn aber nicht, so wird es nicht geschehen. Während sie weitergingen und redeten, kam ein feuriger Wagen mit feurigen Pferden und trennte die beiden voneinander. Elija fuhr im Sturmwind zum Himmel empor. Als Elischa das sah, schrie er: Mein Vater, mein Vater, Wagen Israels und sein Lenker! Dann sah er ihn nicht mehr. Da packte er seine Kleider und zerriss sie in zwei Stücke. Hierauf hob er den Mantel Elijas auf, der heruntergefallen war, kehrte um und stellte sich wieder an das Ufer des Jordan. Er nahm den Mantel, der Elija entfallen war, schlug damit auf das Wasser und sprach: Wo ist der Herr, der Gott des Elija? Sobald er auf das Wasser schlug, teilte es sich nach der einen und nach der anderen Seite und Elischa ging hinüber. Als die Prophetenjünger ihn von drüben sahen, riefen sie: Der Geist des Elija hat sich auf Elischa niedergelassen« (2 Kön 2,6–15).

3. Kapitel

Motivator Bordpfarrer
oder An Bord

Heute lagen wir den ganzen Tag in einem Hafen. Ich war schon vormittags unterwegs, um mir die schöne Natur und Landschaft anzusehen. Ich durchquerte die schmale Halbinsel und traf auf der dem Meer zugewandten Seite auf hohe Wellen. In meine Tasche hatte ich mein Badezeug gesteckt, um an diesem langen, schönen Sandstrand zu schwimmen. Wegen der hohen Wellen traute ich mich das dann doch nicht und begnügte mich mit einem Strandspaziergang barfuß, mit den Schuhen in der Hand. Am Ende der lang gestreckten Halbinsel ist ein kreisrunder, ehemaliger Vulkankrater, bis oben grün bewachsen. Ich beschloss: Das sollte mein Ziel für diesen Vormittag sein. Der Aufstieg war recht steil und nicht wenig schweißtreibend, dafür entlohnte der Blick von oben alle Anstrengungen.

Zum Mittagessen war ich wieder zurück auf dem Schiff und fand einem Herrn gegenüber Platz, der bei den Gottesdiensten hier an Bord bisher fast immer die Lesung vorgetragen hat. Er hatte mir erzählt, dass er früher gern selbst Priester geworden wäre, das aber damals nicht durfte wegen einer Geburtsverletzung, deretwegen er mit zwei Krücken laufen muss. Er wurde in seiner Heimatpfarrei später Pfarrgemeinderatsvorsitzender und engagiert sich dort intensiv.

Ihm erzählte ich etwas von meinen schönen Vormittagserlebnissen. Er selbst klagte, dass es hier in der Nähe des Schiffes nichts Interessantes anzuschauen gäbe, zum Beispiel eine Kirche, wofür sich der beschwerliche Weg für ihn von Bord lohnen würde. Als er in einem Nebensatz die herrliche Meeresbucht erwähnte, in der wir gerade vor Anker lagen, und dass er gern schwimmt, machte es bei mir klick. Ich hatte doch am Nachmittag vor, nochmals von Bord zu gehen, um auf dieser Seite der Halbinsel, wo das Meer ganz ruhig und seicht ist, schwimmen zu gehen. Als ich vorhin von meinem Vormittagsausflug aufs Schiff zurückkam, sah ich gleich hinter dem Hafenhaus, durch das alle Passagiere nach draußen in die Stadt gehen müssen, einen Steg mit Leitereinstieg für Schwimmer. So lade ich mein Gegenüber kurz entschlossen ein, ob er nicht mit meiner Hilfe die wenigen Schritte bis dorthin wagen und noch ein schönes Bad nehmen wolle. Sein Gesicht verklärt sich und mit einem strahlenden Lächeln nimmt er diese Einladung sehr gern an.

So treffen wir uns am Nachmittag unten an der Gangway, die vom Schiff nach draußen führt. Alles geht gut mit dem recht kurzen Weg, Gott sei Dank! Wir haben nur das Allernotwendigste mitgenommen und lassen unsere Sachen auf dem Steg liegen. Wie sehr freue ich mich im Wasser, meinen gehbehinderten Lektor quietschvergnügt schwimmen zu sehen! Er hat sichtlich Lust daran und ich schwimme immer wieder zu ihm hin, um zu schauen, dass bei ihm alles in Ordnung ist.

Am Abend dieses Tages, während wir den Hafen schon wieder verlassen und Kurs auf ein neues Ziel nehmen, bin ich sehr froh und dankbar, »meinem Lektor« etwas Gutes getan und ihm eine Stunde geschenkt zu haben, in der er wahrscheinlich sogar seine Behinderung und seine Stöcke vergessen konnte.

Diese Begebenheit hatte ich am Abend in mein Tagebuch geschrieben. Ich spüre bis heute, wie glücklich ich am Abend dieses Tages war, dass ich einen schönen Vormittagsspaziergang machen konnte, vor allem aber, dass ich »meinem Lektor«, wie ich ihn in meinem Tagebuch genannt habe, eine Freude bereiten konnte.

Anderen eine Freude machen, das ist vielleicht die beste Aufgabenbeschreibung eines Bordpfarrers. Wie ich schon gesagt habe, sind die festgelegten Aufgaben vor allem mit den Gottesdiensten an Bord nicht so zeitaufwendig, dass man damit von früh bis abends beschäftigt wäre. Der Blick auf die Gäste an Bord und auch die Crewmitglieder, die der Seelsorge des Bordpfarrers anvertraut sind, sollte so sein, dass er etwas Erkennendes, Verstehendes und nach Möglichkeit Heilsames hat. Viele Menschen sind allein an Bord. Manche von ihnen haben sich auf die Kreuzfahrt begeben, um vor ihrem Alltag davonzulaufen, einige nach einer Trennung, Scheidung oder nach dem Tod eines lieben Angehörigen. Für sie ist es erst einmal gar nicht so einfach, an Bord Anschluss zu finden, denn die Pärchen bleiben gern unter sich und die anderen

Alleinreisenden tragen manchmal solche Lasten mit sich herum, dass sie wenig einladend wirken für Bekanntschaften. Das Schiff organisiert deshalb mindestens einmal während eines Reiseabschnitts ein »Alleinreisendentreffen«, eben vor allem dafür, dass sich die Singles kennenlernen und eventuell Kontakte knüpfen können. Nun, der katholische Bordpfarrer ist auch ein Single und hat schon von daher Zutritt zum »Alleinreisendentreffen«. Das Bordmenagement legt aber auch sonst größten Wert auf die Anwesenheit des Bordpfarrers bei diesem Event, eben weil die Alleinreisenden oft in besonderer Weise der Aufmerksamkeit des Bordpfarrers anvertraut sind. Ich weiß gar nicht, ob die evangelischen Pfarrer- und Pfarrerinnenkollegen, die mit ihren Partnern anreisen und eine Kabine teilen können, meist zu ermäßigten Konditionen für den mitreisenden Partner, auch am »Alleinreisendentreffen« teilnehmen. Vermutlich wohl doch, denn sonst würden sie bei dieser Gelegenheit die Passagiere nicht treffen, die allein unterwegs sind und vielleicht besonders den Zuspruch des Geistlichen wünschen. Bei diesen Treffen habe ich auf jeden Fall immer gute Kontakte hergestellt und erste Gespräche führen können, die ich später, meist dann unter vier Augen, vertiefen konnte.

Was die Leute doch alles mit an Bord bringen: Wut, Traurigkeit, Einsamkeit, Unverständnis und vieles andere bleiben ja nicht vor der Gangway, sondern werden von den Passagieren sozusagen »eingeschleppt«. Nun wollen sie den anderen Passagieren ja nicht gleich »den Appetit verderben« und halten sich von daher mit ihren Sorgen und Problemen anderen gegenüber erst einmal zurück. Der Bordpfarrer bekommt dann manchmal eine »geballte Ladung« davon ab, ist aber auch der bestellte »Blitzableiter« an Bord, der es aushalten muss, wenn Menschen ihren Müll bei ihm abkippen. Auch wenn man manchmal in wahre Abgründe menschlichen Daseins blicken muss, wenn Menschen sich mit ihren Lebensschicksalen anvertrauen, so sind das doch auch immer wieder beglückende Momente, weil Menschen sich tief öffnen und häufig schon vom reinen Zuhören und Anteilnehmen eines anderen Lösung, wenn nicht gar Erlösung erfahren. Der Bordpfarrer kann die Probleme seiner Gesprächspartner ja nicht wegnehmen, aber er kann ihnen aufmerksam begegnen und damit zeigen: »Du bist mit deinem Problem nicht allein. Vor allem bist du nicht das Problem. Man kann darüber sprechen. Man kann es von unterschiedlicher Perspektive aus anschauen. Man muss sich vom Problem nicht niederdrücken lassen.« Das versuche ich als Bordpfarrer immer zu vermitteln.

Es kommt noch eine besondere Dimension dazu: Der Bordpfarrer begegnet nicht nur mit Empathie, sondern bringt die Perspektive Gottes in das Nachdenken mit ein. Die Perspektive Gottes ist die, dass wir seine

geliebten Kinder sind und aus seiner Liebe nicht herausfallen. Gott buhlt wie ein liebender Vater um unsere Gegenliebe und lässt seine geliebten Kinder nicht
fallen und schreibt sie nie ab. Wenn ein Mensch also
auch in seinem Leben oft Ablehnung erfährt und nicht
weiterkommt, so darf er doch aus der Sicherheit leben,
dass der, der ihn ins Dasein gesetzt hat, mit liebendem
Auge auf ihn schaut und ein vitales Interesse hat, dass
sein Leben gelingt, glückt, glücklich ist und glücklich
wird. Geistliche trösten nicht von sich her, einfach nur
menschlich, sondern bringen den Trost Gottes ins Gespräch. Sie künden, dass Gott in allen Niederungen
unseres Lebens, in allen Tränen, die Menschen weinen
müssen, nicht unbeteiligt daneben steht, sondern um
unser Leid weiß, es mitträgt, ja uns den Mut schenkt,
mit seiner Hilfe und der Hilfe anderer Menschen neue
Wege, Auswege zu finden und zu gehen. Auch mithilfe
anderer Menschen: Das erinnert uns an das, was wir
im letzten Kapitel bedacht haben, als es um die Erst-
und Zweitursachen ging. Sie erinnern sich, dass Gott
als Ersturursache sich meist der Zweitursachen, also Menschen, Zeiten, Orten und Situationen bedient, um uns
Menschen seinen Heilswillen kundzutun, uns zu führen
und zu leiten.

Einerseits ist die Aufgabe eines Bordpfarrers also
ganz einfach, eben anderen Freude zu machen. Ander-
seits sind auch wir Geistliche Menschen mit Ecken,
Kanten und Fehlern. Es fällt uns genauso wenig leicht,

positiv auf Menschen zuzugehen, vor allem auf Schwierige und Außenseiter, wie allen anderen auch. Der Bordpfarrer ist aber nicht nur ein Passagier, sondern hat gerade darin seine besondere Aufgabe, Persönlich-allzupersönliches, Ressentiments, Einsortierung von Menschen in Schubladen zurückzustellen und zumindest zu versuchen, eben in jedem Mitmenschen das Lieblingskind Gottes zu sehen. Dafür muss ein Seelsorger viel beten, denn das macht er nicht aus sich, weil er besser und stärker als andere Menschen wäre. Wenn das zumindest gelegentlich, in manchem Gespräch und mancher Begegnung an Bord gelingt und Menschen sich verstanden und angenommen wissen, ja ihnen vielleicht sogar Mut geschenkt wird für einen nächsten oder gar ersten Schritt, dann hat die Präsenz der Bordseelsorge einen sehr guten, wichtigen Platz auf einem Kreuzfahrtschiff.

In der normalen Pfarrseelsorge habe ich oft erlebt, dass es schwierig ist, Menschen individuell zu begleiten. »An Land« haben wir doch alle Hände voll zu tun. Wer zur Kirche oder ins Pfarrhaus kommt, feiert einen Gottesdienst mit oder bringt sein Anliegen kurz vor. Nur wenige hingegen öffnen sich dem Pfarrer so, dass eine intensivere oder längerfristige Begleitung möglich wäre. Heute kommt erschwerend hinzu, dass die Seelsorgestrukturen der Pfarreien immer größer werden und nicht wenige Gläubige, die überhaupt noch einen Bezug zu ihrer Pfarrei und ihrem Pfarrer haben, diesem

»armen Mann« nicht zumuten wollen, angesichts seines riesigen Aufgabenbereichs sich auch noch um ihn oder sie persönlich kümmern zu müssen. So geschieht das, was eigentlich in der Seelsorge überhaupt nicht passieren sollte, dass nämlich das »Kerngeschäft« der nachgehenden, begleitenden Seelsorge, so wie sie Jesus selbst vorgelebt hat, in normalen Pfarreien fast nicht mehr geschieht und geschehen kann. Von daher sehe ich eine große Chance in der Bordseelsorge, wo Menschen Zeit und Muße haben, durch einfühlsame Seelsorger, denen die Passagiere auch persönlich etwas bedeuten und die sich gern für sie einsetzen, zumindest eine Zeit lang intensiv begleitet zu werden.

Aus meiner Begleitung eines jungen Crewmitglieds, das während meiner ersten Kreuzfahrt im Sportanimationsprogramm des Schiffs tätig war, hat sich immerhin entwickelt, dass er später getauft wurde. Er war aus den neuen Bundesländern und wusste von Kirche und Glauben sehr wenig. Ich hatte gern an einigen seiner Sportangebote teilgenommen, ihm aber auch nicht verschwiegen, dass ich auf dieser Reise der Bordpfarrer war. Das sieht man jemandem im Trainingsanzug ja nicht automatisch an. Wir haben uns dann jeden Tag getroffen. Ich weiß noch, dass das meist ganz hinten am Schiff war, im für Passagiere nicht zugänglichen Crewbereich, wo man dem von der Schiffsschraube aufgepeitschten Wasser gut hinterherschauen konnte. Er hatte viele Fragen. Ich konnte wahrscheinlich nicht

alle beantworten. Im Glauben geht es auch weniger
um die Antworten als um die Fragen. Die entscheidende Antwort ist nämlich Gott selbst. Am Ende der
Reise fragte mich der mir dann schon zum Freund ge-
wordene junge Mann, wie es nun mit ihm weitergehen
könnte. Ich verwies ihn an sein Heimatpfarramt und
stellte auch den Kontakt zu seinem Pfarrer her. Er trat
in seiner Gemeinde dann in den Katechumenatskurs
ein, also den Vorbereitungskurs auf die Taufe. Nach
einem guten Jahr sahen wir uns wieder bei seiner Taufe, zu der er mich eingeladen hatte. Noch heute halten
wir losen Kontakt.

Ein Bordpfarrer muss heute aber auch darauf ge-
fasst sein und dann nicht aus der Fassung geraten, wenn
Menschen ihn mit teils harscher Kirchenkritik konfron-
tieren. Immerhin ist er als Kirchenvertreter die ideale
Zielscheibe, um allen aufgestauten Groll und Zorn in
Richtung Kirche abzufeuern. Da sollte ein Bordpfarrer
nicht zu zimperlich und zartbesaitet sein. Aus meiner
Erfahrung würde ich sagen, dass es hier vor allem wichtig ist, zuzuhören und auszuhalten, ohne sich gleich zu
rechtfertigen und zu erklären. Ein alter, weiser Mitbru-
der hat mir einmal gesagt, dass geäußerte Kritik letztlich
Interesse bedeutet. Jemand, der sich die Mühe macht,
dem Bordpfarrer von seinen furchtbaren Erfahrungen
mit der Kirche und Gottes Bodenpersonal zu erzählen,
tut das nicht, weil ihn die Kirche nichts mehr angeht,
sondern gerade aus einem Leiden an der Kirche her-

aus. Wer die Kirche abgeschrieben hat, wird sich kaum die Mühe machen, sie öffentlich zu rügen. Auch wenn der Bordpfarrer nicht alle Sünden der Kirche und ihrer Amtsträger selbst zu verantworten hat, er ist nun einmal der Vertreter dieser Institution an Bord und muss sich der Kirchenkritik auch stellen. »Freut euch mit den Fröhlichen, weint mit den Weinenden« (Röm 12,15), empfiehlt Paulus, das heißt den anderen ernst nehmen, ihn verstehen wollen, seine Sicht der Dinge zulassen. Angesichts des Vertrauensverlusts der Kirche in den letzten Jahren, des himmelschreienden Unrechts vor allem durch Übergriffe Schutzbefohlenen gegenüber, haben die Opfer oft einfach nur darauf gehofft und gewartet, dass sie gehört, angehört und ernst genommen werden. Und zu einem solchen Hören gehört es, dem anderen mit Empathie zu begegnen, sich in das Leid des anderen einzufühlen, ohne gleich zu rechtfertigen und zu begründen. Viel Unheil wäre den Betroffenen und auch der Kirche in den letzten Jahren erspart geblieben, wenn sie Menschen stärker in solcher Haltung und Aufmerksamkeit begegnet wären.

Ich spreche mich also für einen Seelsorgedienst an Bord aus, der eine Weggemeinschaft für Menschen auf Zeit ist. Der Bordpfarrer nimmt die Erfahrungen der Menschen, die sich ihm öffnen, empathisch entgegen. Er bringt die Perspektive Gottes verstehend, heilend und versöhnend in die Gespräche mit ein. Er leitet die Anliegen der Menschen weiter in seinem persönlichen

Gebet, denn die ihm anvertrauten Dinge wurden eigentlich Gott selbst, und nicht nur ihm als Bordpfarrer, anvertraut. Und er versucht, das eine oder andere Motiv, dem er begegnet, in die angebotenen Gottesdienste mit einzubringen, damit die Menschen spüren und erleben können, dass Gottesdienst etwas mit ihrem Leben zu tun hat, dass hier ihre Erfahrungen an Freud und Leid hineingenommen sind in den Rahmen göttlicher Zuwendung.

4. Kapitel

Schluss mit Langeweile *oder* Leben mit den Elementen

Manche Seetage ziehen sich lange hin. Ich feiere in der Regel um 9.15 Uhr einen ökumenischen Morgengottesdienst, zu dem mal mehr, mal weniger Leute kommen. Vor und nach den Gottesdiensten entspinnen sich oft Gespräche mit Einzelnen oder Paaren. Manche vertrauen mir etwas von ihrer Lebensgeschichte an oder erzählen, was sie mit dieser Schiffsreise bewusst zu Hause zurückgelassen haben. Erstaunlich ist für mich, wie viele Menschen tatsächlich nach Trennung oder Scheidung oder nach anderen Schicksalsschlägen ihrem Alltag mit einer Schiffsreise zu entfliehen suchen. Sie sind dankbar, im Bordpfarrer jemanden zu finden, der ihnen zuhört und vielleicht ein Wort des Trostes für sie hat.

In den anderen Zeiten mischt sich der Bordpfarrer »unters Volk«. Das heißt, dass ich mir auch dann und wann einen freien Liegestuhl suche und dort etwas lese. Ich gehe auch bewusst zu verschiedenen Angeboten, um mich zum Gespräch zur Verfügung zu stellen.

Nicht an allen Tagen entspinnen sich interessante Gespräche. Mancher Seetag wird mir lang und öde. Das Publikum an Bord ist eher älter oder gesetzt, sodass schon bei der Einschiffung meist klar ist, dass ein jüngeres Gesicht zu einem Besatzungsmitglied oder einem der Künstler an Bord gehört. Auch auf dieser Reise ist es so, dass die Künstler und Lektoren sich altersmäßig deutlich von den Gästen abheben. Die Passagiere kommen zwar öfter zusammen und essen miteinander, aber trotzdem ist nicht immer für angenehme Abwechslung bei Begegnungen und Gesprächen gesorgt.

Doch heute ist mir etwas Interessantes passiert: Vor dem morgendlichen Gottesdienst spricht mich ein nicht mehr junges Paar an, ob ich sie hier an Bord trauen würde. Auf meine Nachfragen hin bringen mir die beiden ein von ihrem Heimatpfarrer ordentlich ausgefülltes Ehevorbereitungsprotokoll mit einer Delegation für eine Trauung auf diesem Schiff. Ihr Heimatpfarrer habe sie ermutigt, sich an den Bordpfarrer zu wenden und um eine Eheschließung zu bitten. Die beiden sind schon seit 25 Jahren standesamtlich verheiratet und hatten es bisher versäumt, sich auch kirchlich trauen zu lassen. Ich möge verstehen, so die beiden, dass es immer schwieriger, ja fast unmöglich für sie wurde, die kirchliche Eheschließung noch nachzuholen. So viel Zeit sei verstrichen, und eine normale Trauung mit vielen Gästen wollten sie nicht mehr auf die Beine stellen. Hier an Bord, im sehr kleinen Kreis, möchten sie sich gern noch vor dem Traualtar das kirchlich-sakramentale Jawort geben.

Nachdem alle notwendigen Dokumente vorliegen und die beiden sogar Kontakt mit dem Auslandssekretariat der Deutschen Bischofskonferenz in Bonn aufgenommen hatten, über die wir Bordpfarrer vermittelt werden, steht aus meiner Sicht einer Trauung hier an Bord nichts im Weg. Die beiden freuen sich sehr über meine Bereitschaft. Wir überlegen, an welchem Tag, wo und wie wir die Trauung feiern wollen.

Mit diesen ersten Überlegungen und Absprachen trete ich an die Kreuzfahrtleitung heran, eigentlich nur mit der Frage, ob wir für den fraglichen Zeitpunkt einen kleineren Raum bekommen können, um die Trauungsmesse zu feiern. Zu meiner Überraschung wird mir gesagt, dass man für Hochzeiten an Bord ein bestimmtes Paket buchen kann und muss, dass die Hochzeit dann selbst aber nur symbolischen Charakter habe und keinen rechtlichen.

Nun, mir ist wichtig, dass dieses Paar, das sich schon seit Jahren nach einer nachgeholten kirchlichen Trauung sehnt, kirchlich-gültig heiraten kann. Ein solcher Akt wäre freilich nicht nur symbolisch, sondern die beiden sprechen sich ihre Bereitschaft zu lebenslanger ehelicher Treue in gültiger Form zu. Als Bordpfarrer fungiere ich, wie jeder katholische Geistliche bei einer Trauung auch, als qualifizierter Zeuge des Ehebundes, den die beiden aus dem Glauben heraus sich gegenseitig spenden.

Ich verbleibe mit der Kreuzfahrtleitung so, dass sie mir Rückmeldung gibt, ob eine solche Trauung hier an Bord stattfinden kann. Auf jeden Fall bin ich überrascht, dass die Probleme nicht von kirchlicher Seite kommen, sondern von Seiten der Kreuzfahrtleitung. Ich bin gespannt, ob es hier an Bord noch zu der erbetenen Trauung kommen kann.

Aus kirchlicher Sicht ist außerdem zu beachten, dass unter gerechten Voraussetzungen zwei Katholiken das Recht haben, eine sakramentale Ehe einzugehen und zu heiraten. Die Kirche will keine hohen Hürden aufbauen, sondern im Gegenteil Menschen ermutigen und ihnen ermöglichen, einen Ehebund vor und mit Gott zu schließen. Selbst wenn es also kirchliche oder staatliche Schwierigkeiten für eine Trauung auf einem Kreuzfahrtschiff geben würde, so gilt im Blick auf das Seelenheil der Menschen, die um eine Eheschließung bitten, dass die Kirche alles tun sollte, um diesen Schritt zu unterstützen und zu ermöglichen. Im konkreten Fall einer katholischen Eheschließung an Bord eines Kreuzfahrtschiffes könnte die einzige kirchliche Hürde sein, dass normalerweise der Ortsordinarius (also der Bischof) des kirchlichen Distriktes, in dem eine Eheschließung im Ausland stattfindet, davon in Kenntnis gesetzt werden und vorher zustimmen muss. Aber selbst wenn das nicht erfüllt ist: Die beiden, die sich an mich gewandt haben, haben mit ihrer Anfrage bekundet, dass sie zur katholischen Eheschließung bereit sind. Ihr Pfarrer hat geprüft und dokumentiert, dass sie die Voraussetzung für eine solche Eheschließung erfüllen. Im Zweifelsfall könnte eine Eheschließung hier an Bord den Charakter einer *sanatio in radice* haben, das heißt: Auf rechtlichem Weg würde durch den Heimatbischof dieser beiden die Zivileheschließung vor über 25 Jahren rückwirkend auch kirchlich-katholisch für rechtlich und gültig erklärt werden können. Dann käme zwar das Eheband nicht durch den Konsens in einer möglichen Trauungsmesse hier an Bord zustande, würde als solcher aber schriftlich dokumentiert werden und von der kirchlichen Autorität als rechtlicher Gnadenakt als Eheschließung gewertet werden können. Wie die Sache ausgegangen ist, erzähle ich später!

Pater Josef Kentenich, der Gründer der Schönstattbewegung, benutzte gern das Bild eines Pendels, wenn er erklären wollte, wie wichtig es ist, dass Menschen in Gott fest verankert sind. Wie ein Pendel frei ausschwingen kann, wenn es oben eingehängt ist, so sollten auch wir Menschen uns »oben«, in Gott, einhängen, in ihm verankert sein, um dadurch in großer Freiheit und Leichtigkeit leben zu können. Nicht die Bindungslosigkeit schafft Bewegungsfreiheit, sondern die Bindung an einen konkreten, oberen Punkt. Wie bei einem Pendel, so ist es auch bei uns Menschen: Unabhängigkeit und Bindungslosigkeit ermöglichen keine echte Freiheit, zumindest keine Freiheit zu etwas, sondern vielleicht nur eine Freiheit von etwas. »Mein« Hochzeitspaar an Bord bat auch 25 Jahre nach seiner standesamtlichen Hochzeit noch um die kirchliche Trauung, weil Gott den beiden wichtig war und weil sie ihre Beziehung ganz bewusst unter den Segen Gottes stellen wollten.

Aufgabe des Bordpfarrers ist es nicht und darf es nicht sein, Menschen zu etwas zu überreden, was sie nicht selbst wollen. Geistliche sollten Helfer zur Freude der Menschen sein und nicht die Freude nehmen. Die Gottesdienste, Meditationen und Gesprächsmöglichkeiten sind also Angebote, die in völliger Freiheit gewählt oder auch ausgeschlagen werden können. Ein guter Erzieher führt seine Schützlinge ja auch zu eigenverantwortlichem Tun aus Grundüberzeugungen und nimmt ihnen nicht alle Entscheidungen ab. So muss auch das Bodenpersonal des lieben Gottes mit dem Vorbehalt leben, dass wir keinem Menschen das Heil, das wir in Jesus Christus erfahren haben, anderen aufzwingen können. Gott selbst geht jeden Tag neu dieses Risiko mit uns Menschen ein und buhlt um unsere freie Liebesentscheidung. Gott vergewaltigt uns nicht, sondern respektiert in seiner göttlichen Größe die Freiheit, die er seinen menschlichen Geschöpfen eingestiftet hat. »Gehst du mit? Vertraust du dich mir an, auch wenn du heute noch nicht abschätzen kannst, was das für dich künftig bedeuten wird?« Das sind Fragen, die Gott uns immer wieder neu stellt. Freilich hören dieses Anklopfen des lieben Gottes heute in unseren Breiten immer weniger Menschen, weil ihnen das Sensorium für Gott abhandengekommen ist. Ihre Erfahrungen sind rein materiell, innerweltlich, abgeschlossen. Eine Öffnung nach oben, ein Angebunden-Sein an Gott, kennen immer weniger Menschen in den säkularisierten Gesellschaften. Gott lässt das zu. Er schlägt nicht drein. Er will die freie Antwort des Menschen.

Nachdem Gott nicht so erfahrbar ist wie die materiellen Dinge um uns herum, bedarf es einer Schulung und Erziehung, um ihn wahrzunehmen. Eltern erziehen ihre Kinder, damit sie Gut und Schlecht unterscheiden können, damit sie lernen, wer es gut und wer es schlecht mit ihnen meint. Und die Erziehung führt dazu, dass der Mensch sich mehr und mehr selbst übersteigen kann auf ein Du und auf die Mitmenschen hin. Der erzogene Mensch weiß um seine Abhängigkeit und dass er sich anderen verdankt, vor allem der Liebe, die er erfährt. Wir brauchen heute eine Liebeserziehung, die den Blick auf Gott als tiefsten Grund und letztes Ziel unseres Lebens wieder freiräumt. Denn in dieser Bezüglichkeit gewinnt das Leben an Tiefe und Sinn, weil der Mensch sich verdankt weiß, aber auch verantwortlich Gott gegenüber, der sein Leben begleitet.

Ein treffendes Sinnbild dafür ist das Leben auf einem Schiff, ein Leben mitten in den Elementen. Wer an Bord geht, setzt sich aus und ist ausgesetzt. Auch wenn die Kreuzfahrtschiffe heute so groß wie Hochhäuser sind, bleiben sie auf den Ozeanen doch kleine Nussschalen. Sie verfügen freilich über so ausgefeilte Technik, dass sie auch Stürmen mit hohen Wellen trotzen können. Und trotzdem muss ich das Risiko einer auch sehr rauen See eingehen, wenn ich an Bord gehe. Ich erinnere mich an manche Tage mit Seegang der Stärke acht – auf einer Skala von eins bis neun! Da bewegt sich das Schiff ganz ordentlich. Es ist wie in einer Schaukel, und manchmal kommen noch schlingernde Bewegungen dazu, die auf den Magen schlagen. Als ich bei meiner ersten Fahrt drohte, seekrank zu werden, hat mir gottlob einer von der Mannschaft empfohlen, es gerade nicht so zu machen wie die meisten Passagiere, die sich in die eigene Kabine zurückziehen, sondern aufs oberste Deck hinauf zu gehen, tief zu atmen und meinen Blick den Horizont entlang schweifen zu lassen. Das hat sich dann wirklich als ein exzellentes Heilmittel erwiesen, denn der Horizont wirkt selbst in aufgepeitschter See immer ruhig. Im Bild des Pendels ausgedrückt: Wer fest verankert ist, kann hin- und hergeworfen werden. Er hat einen festen Punkt, der ihm Halt und Kraft schenkt.

Kann das Bild der rauen See, der Wildheit des Meeres, auch ein Sinnbild für den Glauben sein? Muss auch unser Glaube wild, rau, ursprünglich und mitreißend sein? Viele Menschen gehen ja das Risiko von starkem Seegang ein und buchen trotzdem eine Kreuzfahrt. Wir Menschen suchen sogar den Nervenkitzel, denn der dröge Alltag ist uns auf die Dauer zu wenig. Kalkulierbares Risiko gehen wir gern ein.

Wie ist das mit unserer Risikobereitschaft im Glauben? Da ruft ja auch eine unsichtbare Stimme, dass ich Vertrauen haben und auf die Meere meines Lebens hinausfahren soll. Da ist Gott, der mich Vertrauen in seine Nähe, Hilfe und Liebe lehrt. Ich kann nicht herausfallen aus den bergenden Händen Gottes. Selbst wenn ich, menschlich gesehen, ins Verderben gestürzt werde, bin ich immer noch umfangen von Gottes Huld und Erbarmen. Er, der mich ins Dasein geführt hat, lässt mich nicht los. Er geht mir voran, er begleitet mich, er macht mir Mut, auch meinerseits mit viel Vertrauen aufzubrechen und mein Leben zu wagen.

Wer aus der Grundüberzeugung lebt, gehalten zu sein, geführt, begleitet, dessen Glaube gewinnt tatsächlich eine Robustheit, die den Unbilden der Welt widerstehen kann. Vielleicht kennen Sie solche Menschen, an denen Sie bewundern, wie sie mit den Schwierigkeiten des Lebens umgehen. Darunter sind sicher viele Menschen, die es gelernt haben, im Leben ihre Frau und ihren Mann zu stehen. Wenn solche Menschen dann auch noch in Gott verankert und eingehängt sind wie ein Pendel, dann, denke ich, haben sie Qualitäten, die ihr Leben wirklich gelingen lassen, trotz aller Herausforderungen, die auch ein glaubender Mensch bestehen muss. Solch ein wilder, rauer, ursprünglicher und mitreißender Glaube ist eine Riesenhilfe!

5. Kapitel

Überfall am helllichten Tage
oder Ausgesetzt in der Weite des Ozeans

Neben Sonnenuntergängen, tiefen Gesprächen, tropischen Inseln und vielen anderen schönen Erlebnissen als Bordpfarrer auf dem Schiff oder während Landausflügen gibt es leider hin und wieder auch sehr unschöne Erlebnisse. Wer sich auf eine Reise begibt, hat viel zu erzählen, sagen wir. Auch für einen Bordpfarrer sind das, gottlob, meist beglückende und bereichernde Erfahrungen. Wie das Leben nicht nur Schönes, sondern auch Schweres bereithält, so auch der Erfahrungsfundus eines Bordpfarrers. Was ist geschehen?

Nach mehreren Seetagen sind alle Passagiere froh, wenn das Schiff wieder in einem Hafen anlegt und man von Bord kommt, um sich ordentlich die Füße zu vertreten. Man kann zwar an Bord Spazier- oder Laufrunden drehen. Zumindest für mich ist dieses »sich im Kreis Drehen« aber auf die Dauer kein echter Ersatz für einen Spaziergang oder eine Joggingrunde.

So beschloss ich, einige Stunden zu Fuß zu gehen, während viele Passagiere zeitgleich an organisierten Ausflügen teilnahmen. Eine zweite Möglichkeit, die ich im Kopf erwog, war, an Bord zu bleiben. Der Bewegungsdrang war dann aber doch stärker. Außerdem hoffte ich, draußen einen öffentlichen Ort mit freiem WLAN zu finden, um meine E-Mails zu sichten. Deshalb packte ich meinen Laptop in meinen Rucksack, dazu das Handy, das mich schnell über einen möglichen Internetzugang unterrichten würde, und meinen kleinen Fotoapparat für einige Schnappschüsse, die sich anbieten würden. Noch etwas Sonnencreme und eine Kappe auf den Kopf, und ich zog los.

Im Bereich des Hafens durften wir uns nicht frei bewegen, sondern ein Shuttle-Service nahm uns direkt am Schiff in Kleinbussen auf, durchfuhr mehrere Sicherheitsschleusen und lud uns draußen, vor der Hafeneinfahrt, wieder ab. Die Mitreisenden, die mit mir im Shuttlebus saßen, wollten einkaufen gehen und organisierten sich gleich ein Taxi. Ich selbst zog allein zu Fuß los, froh über die freie Zeit, die mir zur Verfügung stand. Das Gebiet um den Hafen kannte ich von einem früheren Besuch her. Mitbrüder unserer Priestergemeinschaft hatten mich einmal mit dem Auto mitgenommen und das Hafengebiet bis zum letzten Ende durchfahren. Es war damals, wie ich mich erinnern konnte, sehr viel Verkehr, weil viele zu den nahen Badestränden wollten. Ich erinnerte mich an zwei schöne Straßenzügen mit farbigen Häusern. Hier wollte ich jetzt nochmals hin, diesmal zu Fuß und um mich ordentlich zu bewegen.

Als ich losging und zu Fuß über eine grüne Fußgängerampel ging, rief mir jemand zu, dass ich hier nicht zu Fuß gehen könnte. Ich fragte noch kurz zurück, warum denn nicht, und ging meinen Weg weiter. Zumindest ging ich nicht die erste Straße hinunter, in der wenige Leute waren, sondern wählte eine breitere, die erst einmal geradeaus ging, mit vielen Autos und Fußgängern.

Mein Weg führte mich an einer Pfarrkirche vorbei, deren Kirchturm wohl auch als Leuchtturm im Hafen diente. Diesen Kirchturm hatte ich schon vom Schiff aus gesehen und freute mich, dort etwas zum Gebet verweilen zu können. Leider war die Kirche aber geschlossen, sodass ich weiterzog. In der Straße tauchten mehr und mehr Geschäfte auf. Teilweise warteten lange Menschenschlangen an öffentlichen Gebäuden. Ich war mir mit dem Weg recht sicher und freute mich über die Zeit und Freiheit, die ich hatte. Etwa eine Stunde ging ich zu Fuß, bis ich an das Ende des Hafenstadtteiles kam. Aus dem Augenwinkel heraus nahm ich auch gelegentliche Polizeistreifen wahr, teilweise auf Motorrädern, teilweise auch in Polizeiautos. In keinem Moment fühlte ich mich unsicher oder bedroht.

Das letzte Stück des Weges gleicht einer Halbinsel. Zwei parallele Straßen führen wie ein langer Finger ins Meer hinein. Es gibt schön angelegte Grünstreifen, palmenumstanden. Ich freue mich, dass ich hier bin, und mache einige Erinnerungsfotos. Ein hölzerner Pavillon am Ende einer Mole hatte schon bessere Zeiten gesehen. Nun ist der Weg dorthin abgesperrt, weil der Pavillon schon sichtbare Baumängel hat. Schade, dass sich niemand darum kümmert. Hier könnte man gut einen Kaffee trinken und die Aussicht genießen. Aber außer mir sehe ich nur wenige Leute, die Touristen sein könnten. Die meisten Passanten wohnen wohl hier. Ich setze mich auf eine Parkbank in den Schatten. Leider zeigt mir mein Handy, dass es hier doch keinen öffentlichen Internetzugang gibt. So erfüllt sich meine Hoffnung leider nicht, Mails abzurufen und zu beantworten.

Etwa eine Stunde ist vergangen, als ich meinen Rückweg antrete. Diesmal nehme ich die Parallelstraße und freue mich an den schmucken Häusern. Auf dieser Seite gibt es mehrere öffentliche Badestände, die sich zum großen Hafenbecken hin öffnen. Es fährt gerade ein großes Kreuzfahrtschiff herein, von kleinen Lotsenbooten eskortiert. Ich bin überrascht, dass dieses große Schiff doch vergleichsweise schnell einfährt. Inzwischen habe ich etwas Durst. Es gibt zwar fliegende Händler mit Eis und Getränken, doch habe ich keine Lust, mit ihnen um einen Preis für eine Wasserflasche zu feilschen. So ziehe ich weiter. An einem kleinen Laden, in Deutschland würden wir von einem Tante-Emma-Laden sprechen, sind draußen Preise angeschrieben, auch für Getränke. Ich freue mich, dass es ein Wasser gibt, mit dem ich genau mein letztes Kleingeld in diesem Land loswerden kann. Ich wollte es vor der Rückkehr zum Schiff irgendjemandem schenken. Nun kaufe ich mir dafür etwas zu trinken. Mehr Geld als diese Paar Münzen habe ich bewusst nicht mitgenommen, was sich später noch als Glück herausstellen sollte. Obwohl nur wenige Leute im Laden sind, muss ich fast zehn Minuten warten, bis ich um mein Wasser bitten kann. Wie hier meist üblich, werden die Leute an einem

Tresen bedient. Eine Mutter mit ihrem etwa zwölfjährigen Jungen bedient. Mit jedem Kunden entspinnt sich erst ein Gespräch, bevor die Bestellung entgegengenommen wird. Mir geht durch den Kopf, dass ich in Deutschland dieses Geschäft in einer halben Minute mit meinem Wasser in der Hand verlassen hätte. Hier geht es aber offenbar nicht nur um den Kauf von Waren, sondern der persönliche Kontakt, das einfühlsame Gespräch, die Nachfrage, wie es einem geht und was die Kinder machen, ist mindestens genauso wichtig wie die Einkaufserledigung selbst. Der Junge hat dann noch Schwierigkeiten, die Summen meiner Vorgänger zu addieren und seine Mutter kommt ihm zu Hilfe. Dann endlich bin ich an der Reihe. Eigentlich tut es mir fast leid, dass ich in der fremden Sprache nur um meine Wasserflasche bitten kann und mir diese auch sehr schnell verkauft wird. Schöner und interessanter wäre wohl gewesen, mich auch meinerseits auf ein Gespräch einzulassen.

Die Straße mündet am Platz wieder in die andere ein, die ich auf dem Hinweg genommen habe. Leider finde ich die Kirche wieder verschlossen. Schade, ich hätte mich hier gern verabschiedet und um Gottes Segen für den weiteren Reiseverlauf für uns alle gebetet.

Es trennten mich nur noch etwa fünf Gehminuten von der Stelle, wo die Shuttlebusse stehen. Da hörte ich plötzlich einen kurzen Ruf hinter mir und schon hingen drei junge Männer, die aus einem Hauseingang herausgesprungen kamen, an mir und überwältigten mich. Sie zogen mich nach hinten, sodass ich auf dem Rücken lag. Sehr professionell griffen mir zwei von ihnen in meine beiden Hosentaschen, während mir der Dritte meinen Rucksack wegriss. Zum Schluss zog mir jemand noch die Sonnenbrille von der Nase. Dann rannten alle drei die Straße hinunter mit meinem Rucksack in der Hand. Alles ging so schnell, dass ich es selbst kaum glauben konnte. Ich vermute, dass alles nicht länger als etwa 45 Sekunden gedauert hat. Als ich überwältigt wurde, schoss mir blitzartig durch den Kopf, mich nicht zu wehren. So bin ich froh, dass mir selbst körperlich nichts passiert ist. Als ich mich aufrappelte, kam ein Sammeltaxi heran, das ich auf die flüchtenden Diebe aufmerksam machte. Man winkte aber nur ab und fuhr weiter. Ich ging noch etwas die Straße hinein, den Dieben hinterher, die nach etwa 100 Metern rechts in ein Haus oder eine Straße abgebogen sind. Passanten fragte ich, was ich tun sollte. Man signalisierte mir, dass ich nichts tun könne.

Als ich zu der Ecke zurückkam, an der ich überwältigt wurde, fand ich dort noch den einen Träger meines Rucksacks, mein Taschentuch und die Kappe, die ich auf dem Kopf hatte. Alles andere war mir weggenommen. Einen Moment überlegte ich, ob ich nach der Polizei rufen sollte, entschied mich dann aber doch, zur nahen Abfahrtstelle des Shuttlebusses zu gehen. Überrascht bin ich, dass mich diesmal niemand anspricht, warum ich hier zu Fuß unterwegs sei.

Außer mir sind noch zwei Passagiere vom Schiff hier. Man hat mir auch meinen Bordausweis gestohlen, sodass ich hoffe, mit den beiden anderen Passagieren das abgesperrte Hafengebiet wieder betreten zu können. Gottlob ist das dann auch so: Nur der Fahrer des Shuttlebusses muss kurz eine Karte vorzeigen. Wir werden von der Kontrolle draußen nur flüchtig gemustert und dann darf der Bus zum Schiff fahren.

Dort erzähle ich am Eingang mein Missgeschick. Der Sicherheitsverantwortliche wird geholt. Er begleitet mich zur Rezeption, um mir einen neuen Bordausweis ausstellen zu lassen. Dann gehen wir in die Schiffsbibliothek, wo sich Sicherheitsbeamte dieses Landes befinden. Ich schildere kurz mein Erlebnis. Eine telefonische Nachfrage bei der Polizei draußen durch einen der örtlichen Verbindungsleute ergibt, dass man den Überfall und Raub zu Protokoll nehmen würde, ich dafür aber in die Polizeistelle kommen müsste. Wir beratschlagen, was zu tun wäre. Der Weg zur Polizei ist recht weit. Man müsste dorthin fahren. Eine Strafverfolgung ist nicht zu erwarten, oder wenn, dann hätte sie wohl kaum Aussicht auf Erfolg. So beschließen wir, auf eine Anzeige zu verzichten.

Ich frage mich, welche Lektion mir der liebe Gott mit diesem Vorfall vermitteln will. Ich bin ja nun ohne meinen Laptop, ohne Handy, ohne Fotoapparat und ohne Armbanduhr. Meine direkte Verbindung zur Heimat ist damit abgerissen. Ich kann auf dieser Reise keine Fotos mehr machen und nichts mit meinem Laptop schreiben. Außerdem sind die Daten auf meinem Laptop nun in falschen Händen. Ich kann nur hoffen, dass man hier mit deutschen Texten kaum etwas anzufangen weiß und auch die sensiblen Daten und Adressen für die Gauner ohne Bedeutung sind. Über einen der frei zugänglichen Computer an Bord schreibe ich eine Mail an meine Sekretärin, in der ich sie über den Diebstahl meiner Sachen informiere und dass ich in nächster Zeit nur selten, aus öffentlichen Interneträumen, Nachrichten empfangen und versenden kann. Ich brauche wohl noch einige Zeit, bis mir klarer wird, welche Lektion mir der liebe Gott zu lernen aufgeben will, dass er diesen Überfall und Raub zumindest nicht verhindert hat.

Vielleicht wundern Sie sich als Leser darüber, dass ich mir als Erstes die Frage stelle, was dieses Vorkommnis bedeuten soll und was mir der liebe Gott damit sagen will. Viele würden es wahrscheinlich einfach als Missgeschick des Lebens verbuchen und zur Tagesordnung übergehen. Von der Spiritualität Schönstatts her beschäftigt mich aber wirklich die Frage, welche Botschaft Gott in die Erfahrung hineingelegt hat, die ich machen musste. Es ist zwar sicher, dass mir Gott diese unangenehme Erfahrung nicht einfach geschickt hat, zumindest hätte er als allmächtiger Gott aber die Möglichkeit gehabt, sie zu verhindern und mich davor zu bewahren. Wenn ich solche Überlegungen ernst nehme, komme ich zu der Überzeugung, dass hinter dem Schlechten und Schweren dieser Erfahrung eine Lektion für mich stehen kann, die Wichtiges für mich bereithält.

In Schönstatt versuchen wir, die Seelen-, Zeiten- und Seinsstimmen daraufhin zu befragen, was sie uns über den Willen Gottes sagen. Die Seelenstimmen sind die, die in mir innerlich aufklingen und in mir hochkommen. Mit Seelenstimmen ist hier auch mein Gewissen angesprochen, das die Stimme Gottes in mir ist, das mir hilft, klarzubekommen, was ich tun und was ich lassen soll. Auch durch die Stimme meiner Seele und meines Gewissens spricht Gott zu mir. Der Stimme meines Gewissens muss ich immer folgen, weil ich meinem Gewissen verpflichtet bin. Es gilt, dass ich mein Gewissen schärfe und an Gottes Weisungen orientiere, damit es mir wirklich ein Gradmesser in den Entscheidungen des Alltags sein kann. Die Zeitenstimmen sind die Dinge, die in Ort und Zeit an mich herankommen und mein Denken und Tun mitbestimmen. Jeder Mensch ist in eine konkrete Zeitsituation hineingestellt, kommt mit bestimmten Personen zusammen und erlebt in der Zeit Verschiedenes. Die Zeit bestimmt uns und prägt uns, auch unsere Wertmaßstäbe, unser Denken und Handeln. Schließlich sprechen uns Seinsstimmen an, also meine Persönlichkeit mit ihren Prägungen. In allen drei Stimmen, so sind wir in Schönstatt überzeugt, gibt sich der Wille Gottes für mich und mein Leben kund. Gott hat einen konkreten Plan für mein Leben, er weiß, wie mein Leben gelingen und glücklich werden kann. Je mehr ein

Mensch aufmerksam darauf ist, was der Wille Gottes für ihn ist, desto mehr hat er Stand und Bestand und lässt sich nicht von den Stürmen der Zeit hin und her werfen. Die Befragung der Seelen-, Zeiten- und Seinsstimmen auf den Liebeswillen Gottes hin für mein Leben gelingt am besten in Gemeinschaft mit Menschen, die durch intensives Zuhören und Nachfragen für mich hilfreich sind, dass ich meinen Spleen nicht mit dem Willen des lieben Gottes verwechsle. Hier besteht ja eine große Gefahr, dass ich mir selbst etwas vormache. In meiner geistlichen Gemeinschaft sind mir meine Mitbrüder deshalb ein ganz wichtiges Korrektiv, das mir hilft, meine eigenen von Gottes Ansichten zu unterscheiden und Gottes Willen erkennen und ihm folgen zu können.

Ohne Handykamera und Fotoapparat ist mir auf dieser Reise bewusster als sonst geworden, wie viel die Leute um mich herum fotografieren. Wir wollen schöne Momente festhalten, indem wir ein Foto machen. Doch wenn wir das Foto später anschauen, weckt es im besten Fall nur noch eine schwache Erinnerung an das Gefühl, das wir damals, als wir das Foto gemacht haben, empfunden hatten. Die Tiefe und Schönheit eines Moments lässt sich nicht festhalten und auf Papier oder in Pixel bannen. Ich kann nur versuchen, ihn ganz tief auszukosten. Von manchen Mitreisenden wurde ich auf dieser Reise gefragt, warum ich keine Fotos mache. Nicht allen habe ich dann von meinem Missgeschick erzählt, sondern öfter habe ich erwidert, ich versuche, den Eindruck so tief wie möglich in mich aufzunehmen, dass ich ihn später wieder in mir wachrufen kann.

Eine andere Lektion, die mich der Überfall gelehrt hat, ist, dass ich nicht so Herr meines Lebens bin, wie ich oft meine. Wie schnell können mir Dinge, die sonst selbstverständlich mein Leben prägen, aus der Hand genommen werden. Ich sollte zwar nicht ängstlich durchs Leben gehen, aber doch auf mögliche Gefahren achten, die mir einen Strich durch die Rechnung machen können. Wenn ich mit jemandem zusammen unterwegs gewesen wäre, hätte man mich wahrscheinlich nicht überfallen können. Ich nehme als Lehre für mich also auch auf, dass es besser ist, gemeinsam als einsam durchs Leben zu gehen. Dafür muss man seinen eigenen Egoismus bändigen und sich abhängiger von anderen machen. In meinem Fall hatte ich nur daran gedacht, jetzt selbst laufen zu wollen und etwas Schönes zu sehen. Vielleicht ist die gesuchte Erholung oft aber noch intensiver und tiefer, wenn wir sie zusammen mit anderen Menschen machen. Ich spreche seitdem bewusst öfter Mitbrüder und Freunde an und lade sie ein, mit mir unterwegs zu sein.

6. Kapitel

Sonntagsmesse an Bord
oder Seekrank

Heute ist Sonntag. Im Bordprogramm steht: 9.15 Uhr Sonntagsgottesdienst als Eucharistiefeier, ökumenisch offen. Die Reedereien wünschen vom seelsorgerlichen Angebot, dass es immer offen für alle Gäste sei, die teilnehmen wollen. Von daher ist vorgesehen, dass die Wochentagsgottesdienste ökumenische Wortgottesdienste sind. Hingegen am Sonntag plant die Kreuzfahrtleitung immer Eucharistiefeiern oder Abendmahlsgottesdienste ein, je nachdem, welche Konfession gerade aktuell den Bordpfarrer stellt. Im Konkreten der Reise stellt das eigentlich kein Problem dar. Zu Hause hingegen müsste ich mich wohl bei einigen meiner Mitbrüder rechtfertigen, wenn ich eine Sonntagsmesse als ökumenisch ausschreiben würde. Diese Mitbrüder hätten recht und auch nicht recht. Recht insofern, als ich der einzige Geistliche an Bord bin und für einen ökumenischen Gottesdienst eigentlich auch ein geistlicher Vertreter der anderen Konfession mitwirken müsste. Recht auch insofern, als die katholische Kirche nicht zur Interkommunion einlädt, also evangelischen Christen in der Regel keinen Zugang zum katholischen Eucharistieempfang gewährt. Die schmerzliche Spaltung der Christenheit in einen römisch-katholischen Teil, einen reformatorischen und einen östlich-orthodoxen bringt es mit sich, dass wir uns nicht gegenseitig Gemeinschaft am Heiligsten schenken, das wir haben, eben am Sakrament. Das Ziel der ökumenischen Einigungsbewegung wird eines Tages sein, dass Christen verschiedener, dann aber geeinter Gemeinschaften miteinander das Herrenmahl feiern können. Ich sehne diesen Tag sehr herbei und bete intensiv darum, dass ich ihn selbst (noch) erleben kann. Meine Mitbrüder hätten aber gleichzeitig auch insofern unrecht mit ihrem Einwand, als die Situation auf einem Schiff eine Ausnahmesituation ist. Man findet hier am Sonntag eben nur einen Geistlichen einer bestimmten Konfession vor, sodass immer ein Teil der Gäste keinen Spender der Sakramente ihrer eigenen Kirche anträfe. Den Reedereien ist es zu Recht wichtig, dass alle Gäste gleichermaßen angesprochen und eingeladen werden von den Angeboten, die die Kirche über die Bordseelsorge setzt. So kommt es zu dem eigenartigen Titel der Sonntagsmesse an Bord als eines ökumenischen Gottesdienstes.

Die Sache ist nun auch insofern etwas heikel, als die Nichtzulassung evangelischer Christen zum Eucharistieempfang auch hier an Bord gilt. Weil die Kenntnis dieser Regelung aber kaum flächendeckend vorausgesetzt werden kann, müsste der Bordpfarrer vor Beginn der Heiligen Messe eigens darauf hinweisen und Erklärungen geben. Ich behelfe mich immer mit einer kurzen Einführung in das Geheimnis der Heiligen Messe und den Hinweis, dass es das Heiligte ist, was wir in unserem Glauben haben und das wir nun feiern. Weil kein Tabernakel zur Aufbewahrung der Heiligen Eucharistie da ist, ist es nötig, sich über die Anzahl der Personen, die die Heilige Kommunion empfangen werden, vor Beginn der Messfeier Kenntnis zu verschaffen. So frage ich dann etwa mit diesen Worten: »Wer von Ihnen wird nachher unter den von mir gerade geschilderten Voraussetzungen die Heilige Kommunion empfangen? Bitte geben Sie mir ein Zeichen mit der Hand, damit ich die Hostien abzählen kann.« Auf diesem Weg hoffe ich, einem möglichen »Herdentrieb« entgegenzuwirken, dass sich nämlich mancher aufgefordert fühlen könnte, zum Kommunionempfang gehen zu müssen, einfach nur weil die Nachbarn ja auch von ihrem Platz aufstehen und nach vorn gehen. Mit meinem Hinweis zu Beginn hoffe ich immer, dass sich alle schon einmal an dieser Stelle kurz Gedanken über den möglichen Kommunionempfang nachher machen und eine basale Information gegeben wurde. Eine letzte Sicherheit, dass niemand unwürdig zum Sakramentsempfang herzutritt, ist das natürlich nicht. Aber wir alle kommen letztlich unwürdig, denn nur der Herr selbst kann uns würdigen, ihn zu empfangen. Um diese Gnade bitte ich ihn in solchen Gottesdiensten immer besonders, damit keiner durch unwürdigen Empfang des Leibes und Blutes Christi sich das Gericht zuzieht, wie es der Korintherbrief (1 Kor 11,28 f.) sagt.

Für meinen heutigen Sonntagsgottesdienst war es mir gelungen, zwei meiner »Künstlerkollegen« für die musikalische Gestaltung zu gewinnen, einen Konzertpianisten und eine junge Geigerin. Ich weiß, dass, wenn ich diese Gestaltung auch ins gedruckte Tagesprogramm aufnehmen lasse, mancher Gast zusätzlich kommt, einfach weil eine schöne, ansprechende Gestaltung lockend ist. So war auch heute die Lounge, in der die Gottesdienste hier an Bord gefeiert werden, bis auf den letzten Platz gefüllt. Die Gesangbücher »Gotteslob«, die an Bord sind, reichten nicht für alle. Die Passagiere mussten teilweise zusammen in ein Gesangbuch schauen, was eigentlich für Einzelpersonen, die beim Gottesdienst zur Gemeinde werden sollen, gar nicht so schlecht und eher hilfreich ist. Der Konzertpianist und Professor an einer deutschen Musikhochschule begleitet unsere Lieder. »Mein« Lektor ist auch wieder zur Stelle und trägt die Lesung vor. Der Kreuzfahrtdirektor hat mir noch einen Schluck Weißwein organisiert, denn daran denkt hier nur der Bordpfarrer, dass man für eine Messfeier Wein braucht. Im Schrank hinter dem Vorhang sind zwei große Packungen Hostien, sodass an diesen der Gottesdienst nicht scheitern wird. Die Geigerin spielt zur Gabenbereitung das Ave Maria von Bach/Gounod und während der Kommunion das Ave verum corpus von Mozart. Ich nehme in der Predigt die Motive der Lesungen auf und versuche sie mit der Lebenswirklichkeit der Urlauber hier an Bord in Verbindung zu bringen. Dabei habe ich den Eindruck, dass man mir intensiv zuhört. Meine Hoffnung, dass sich bei den Fürbitten einige Passagiere trauen würden, selbst eine frei formulierte Fürbitte in eines der von mir bereitgehaltenen Mikrofone zu sprechen, erfüllt sich leider nicht. Zur Kommunionausteilung gehe ich besser durch die Reihen, weil wenig Platz ist zum Vorkommen.

Schon während des Hochgebetes (ich nehme schon extra das kürzeste) merke ich, dass mehr und mehr Personen hereinkommen und es unruhiger wird. Weil einige mit Decken unter dem Arm kommen, wird mir klar, dass man das Programm wohl so eng gestrickt hat, dass nun schon gleich die Morgengymnastik beginnen soll. So schaue ich, dass unser Gottesdienst zwar würdig, aber doch schnell zum Ende kommt. Ich bitte noch die um Verständnis, die auf die Gymnastik warten mussten, und bin froh, dann doch nur leicht überzogen zu haben. Ich nehme mir vor, die Kreuzfahrtleitung für den nächsten Sonntagsgottesdienst um mindestens 45 Minuten Zeit zu bitten. Froh bin ich, dass einige Mitfeiernde noch kurz zu mir kommen, um sich für den schönen Gottesdienst zu bedanken, der ihnen gutgetan habe. Eine Dame fragt, ob wir wochentags nicht einmal einen Morgengottesdienst ganz mit Taizé-Liedern gestalten könnten, nachdem wir heute ein Lied aus Taizé im Programm hatten. Ich bin für solche Anregungen offen und dankbar und werde bestimmt einen der nächsten Gottesdienste ganz mit diesen Liedern gestalten.

Nun, ich habe ausgesät, ein anderer, der Herr, muss nun gießen und pflegen (vgl. 1 Kor 3,6), damit das,

was ich in diesem Gottesdienst in die Herzen ausge-
streut habe, auch wirklich Frucht bringen kann in den
Menschen, die dabei waren. Das wird mir hier auf dem
Schiff als Bordpfarrer noch bewusster als zu Hause, dass
ich nur ein Hilfsarbeiter des Herrn bin, der versucht,
das Seine so gut wie möglich zu tun. Der eigentlich
Handelnde aber ist der Herr selbst, der das Wollen und
das Vollbringen schenkt (vgl. Phil 2,13). Ich bete darum, dass durch meinen Dienst die Passagiere innerlich
angerührt und für die Botschaft des Evangeliums ge-
öffnet werden.

7. Kapitel
Kann ich bei Ihnen beichten?
oder Über den Abgründen

Es ist zwar selten, aber manchmal kommt es vor, dass jemand bei mir als Bordpfarrer beichten möchte. Meist wendet sich dann jemand nicht direkt mit dieser Frage an mich, sondern kommt zuerst einfach ins Gespräch mit mir, in dessen Verlauf die Frage nach einer Beichtmöglichkeit laut wird. So wie bei einer Frau heute Nachmittag: Ich gehe mir etwas die Beine auf Deck vertreten, als mich diese Frau mit den Worten begrüßt: Ach, der Bordpfarrer! Ein solches Angesprochen-Werden darf man sich in meiner Aufgabe natürlich nicht entgehen lassen, sodass ich gleich antworte, dass ich mich freue, dass sie mich (er-)kennt. Es stellt sich dann im Gespräch heraus, dass sie an einem meiner Gottesdienste teilgenommen hat. Er habe ihr gut gefallen.

Über ein solch allgemeines Urteil gehen die Rückmeldungen an mich meist nicht hinaus. Was heißt aber, ein Gottesdienst hat gefallen? Was gefällt darin und was spricht die Menschen an? Ich habe selten die Möglichkeit, diese Frage direkt jemandem zurückzugeben und zu fragen, was denn genau am Gottesdienst gefallen hat. Und das, weil ich oft die Erfahrung gemacht habe, dass diese Rückfrage die Menschen fast peinlich berührt. Was sollen sie darauf antworten, vor allem dann, wenn jemand nicht viel mit der Kirche am Hut hat? Was will der Pfarrer denn jetzt hören, denkt sich mancher dann.

Ich habe den Eindruck, dass die Gottesdienste gut ankommen und gelobt werden, die eine durchgehende Thematik haben. Diese sollte aus der Lebens- und Erfahrungsdimension der Menschen genommen sein und bei den Erfahrungen der Leute ansetzen. Heute Morgen habe ich meinen Morgengottesdienst zum Thema Schöpfungsverantwortung gefeiert. Wir haben die vier Strophen von *Erde singe, dass es klinge*, einem meiner Lieblingslieder im Gotteslob (Nr. 411), gesungen. Ich habe eingeführt in die Thematik, dass wir Menschen als Krone der Schöpfung eine einzigartige Verantwortung dafür tragen, unsere Welt, die uns anvertraut ist, zu bewahren, zu beschützen und möglichst unversehrt an die nächsten Generationen weiterzugeben. Es gibt im Gotteslob unter Nummer 680,4 einen Andachtsteil mit Wechselgebet zum Thema Schöpfung, den ich gut mit den Leuten, die zum Gottesdienst kommen, beten kann. Die Gottesdienste sind hier an Bord gestaltungsmäßig eher einfach gehalten. Außerdem achte ich darauf, dass das eine oder andere Gebet auch gemeinsam gebetet werden kann. Im Gotteslob gibt es einen wahren Fundus an guten Gebeten, die man für solche Fälle einsetzen kann. Ich bin erstaunt, wie gut die Leute aufeinander hören, wenn sie miteinander ein Gebet lesen. Das geht ja nur, wenn man einen gemeinsamen Rhythmus findet.

Aber zurück zu meiner Beichtbekanntschaft: Das Gespräch, das sich mit der Dame auf dem Außendeck entsponnen hatte, kreiste um Gott und die Welt. Ich höre gewöhnlich mehr zu, als dass ich spreche. Was ich von mir aus sage, will eher mein Gegenüber ermutigen, sich weiter zu öffnen und Vertrauen zu mir zu haben. So kam es im Laufe des Gesprächs, dass die Dame fragte: Kann ich bei Ihnen auch beichten? Diese Frage kam für mich an dieser Stelle unseres Gespräches eher unvorbereitet und unerwartet. Aber selbstverständlich bejahte ich gern. Ich fragte sie, ob sie sofort beichten oder sich noch darauf vorbereiten möchte. Sie entschied sich dafür, gleich hier an Ort und Stelle unser Gespräch in eine Beichte einmünden zu lassen.

Von den Inhalten der Beichte kann und will ich nichts wiedergeben. Ich hatte nur den Eindruck, dass diese Frau wohl schon länger nach einer Möglichkeit gesucht hatte, ihr Herz zu öffnen und sich in einer Beichte auszusprechen. Warum sie dazu »an Land« bisher keine Möglichkeit hatte oder keine genutzt hat, entzieht sich meiner Kenntnis. Nur zeigt mir meine Erfahrung als Bordpfarrer, dass nicht wenige Menschen gerade die Nähe des Bordpfarrers, dem man an Bord teilweise mehrmals am Tag begegnen kann und der auch einer der Passagiere ist, gern nutzen, auf jeden Fall lieber als »draußen«.

Das ist freilich auch eine Anfrage an unsere Seelsorgestrukturen in den Pfarreien. Dort gibt es, wenn es sie überhaupt noch gibt, feste Beichtzeiten. Hingegen treffen Menschen eher selten auf Priester, die man auch einmal »zwischen Tür und Angel« auf ein Beichtgespräch ansprechen kann. Es werden heutzutage aber eher wenige Gläubige sein, die sich eigens vorbereiten, um dann im Beichtstuhl der Pfarrei eine Beichte abzulegen. Vielmehr entspricht dem Lebensgefühl vieler Leute heute mehr, recht spontan zu beichten, geradezu den Kairos der Situation dazu nutzend. Es ist mir klar, dass bei der Vielzahl der heutigen Aufgaben von Seelsorgepriestern und den leider immer größer werdenden Seelsorgeeinheiten, die sie zu betreuen haben, die Möglichkeiten zu solchen spontanen Begegnungen immer seltener werden. Umso dankbarer bin ich, dass die Kirche auch in heutigen, schwierigen Zeiten Bordpfarrer organisiert, die Kreuzfahrten begleiten und in der Ausnahmesituation von Urlaub auf dem Meer Kirche und Glauben repräsentieren und erfahrbar machen.

Freilich, ich höre geradezu den Einwand von manchen, dass doch der Empfang eines Sakramentes, wie das der Heiligen Beichte, der Vergebung unserer Sünden durch Gott, einer guten, intensiven Vorbereitung bedarf und auch eines kirchlichen Ortes wie einer Sakristei oder am besten eines Beichtstuhles. Ich verstehe diesen möglichen Einwand gut. Die Frage ist nur, wie sich die Kirche den aktuellen Lebenswirklichkeiten und -situationen gegenüber öffnen kann. Als Kirchenleute bedauern wir ja, dass die Beichtfrequenz der Gläubigen stark zurückgegangen ist. Eher selten habe ich gehört, dass sich Kirchenleute mit der Frage auseinandersetzen, wie man Menschen von heute in dieser Frage besser entgegenkommen und ihnen die Zugänge zur Beichte erleichtern könnte. Eine solche Erleichterung ist sicher die Präsenz der Kirche in der Urlaubssituation der Menschen und die Bereitschaft, Sakramente auch an ungewöhnlichen, nicht strikt kirchlichen Orten zu spenden.

Gott hat sich in seinem Sohn Jesus Christus mitten unter die Menschen gemischt und ihr Leben vorbehaltlos geteilt. Deshalb ist es gut, wenn auch die Kirche zu allen Zeiten das Leben der Menschen so stark wie möglich teilt, dass sie das Heilige nicht verwässert, es aber verflüssigt, damit es dorthin gelangt, wo die Menschen sind.

Wir haben schon an anderen Stellen gesehen, dass nicht wenige Menschen dann auf ein Kreuzfahrtschiff gehen, wenn sie an Wendepunkten des Lebens stehen. Diesen Leuten wendet sich die Bordseelsorge in besonderer Weise zu und bietet ihnen Begleitung an. Der Bordpfarrer sucht das Gespräch mit ihnen. Er lernt dabei auch viel über menschliche Abgründe kennen – Abgründe, tief wie das Meer unter uns. Das Leben ist immer auch ein Leben mit den eigenen Abgründen und denen anderer. Es ist die Tiefe unter uns, in die es einen ziehen kann. Und zugleich ist über uns die Weite des Himmels – der Mensch lebt zwischen beiden Richtungen, immer auch in Spannung, ausgespannt.

Die Abgründe unseres Lebens halten wir normalerweise schön verborgen vor unseren Zeitgenossen, denn wenn wir offen darüber sprechen, machen wir uns angreifbar und werden verletzbar. Wir stellen ein »wohltemperiertes« Leben nach außen dar und tun so, als hätten wir alles unter Kontrolle. Die Bordseelsorge versucht, Orte zu schaffen, an denen Menschen ihre Masken abnehmen können. Sie können im geschützten Raum des geistlichen Austauschs zulassen, sich selbst mit allen Abgründen, die das eigene Leben auch prägen, anzuschauen und auch einen Seelsorger in diese Abgründe schauen zu lassen. Letztlich ist der Seelsorger, wenn er seine Tätigkeit recht versteht, ein anderer Christus. Denn ein Mensch, der sein Inneres vor einem Bordpfarrer ausbreitet, öffnet sich letztlich Gott selbst gegenüber. Der zuhörende Seelsorger ist nur eine Mittelsperson auf Gott hin.

Pater Kentenich war der Gedanke der Weiterleitung immer besonders wichtig. Er meinte damit, dass ein geistlicher Begleiter die große Aufgabe hat, die Anliegen der Menschen, die ihm anvertraut werden, weiterzuleiten zu Gott hin. Sicher spendet ein Seelsorger auch Trost aus eigener menschlicher Zuwendung heraus; genauso wichtig, wenn nicht wichtiger ist aber, dass er die Anliegen der Menschen dorthin weiterleitet, wohin sie gehören, zu Gott. Von daher ist ein geistliches Gespräch nicht beendet, wenn sich die Gesprächspartner voneinander verabschieden, sondern das Gespräch ist in gewisser Weise nach vorn hin offen, weil der Seelsorgende sich die Anliegen zu eigen macht und seine Gottesnähe nutzt, um sie Gott weiterzuleiten und anzuvertrauen. Viele Menschen haben mich als Pfarrer gebeten: »Herr Pfarrer, bitte beten Sie dafür!« Das sagen Leute, wenn sie hoffen, dass ihr Pfarrer einen »besonderen Draht« zu Gott hat. Prinzipiell hat ein Priester keinen besseren Draht zu Gott, als ihn jeder Mensch auch haben kann. Durch Taufe, Firmung und Erstkommunion haben alle Gläubigen in gleicher Weise Anteil am gemeinsamen Priestertum Jesu Christi und können von daher stellvertretend füreinander vor Gott eintreten. Es wäre gut, wenn dieser Aspekt heute stärker wiederentdeckt werden würde und Gläubige, unabhängig von Amt und Weihe, sich gegenseitig im Gebet und im konkreten Tun Gott anempfehlen würden.

Zu Recht empfinden Menschen aber auch, dass Seelsorger Spezialisten in diesem Tun sind oder sein sollten. Wer auch amtlich beten muss und amtlich für die Menschen einsteht im Heilstun der Kirche, sollte aus dieser täglichen Praxis heraus wirklich tiefe Gotteserfahrungen mitbringen, die vielleicht »Weltmenschen« nicht so leicht zugänglich sind. Von daher ist es ein legitimes Anliegen, wenn Seelsorgende es als ihre besondere Aufgabe annehmen, Menschen und ihre Anliegen stellvertretend vor Gott zu bringen.

In der Schnelllebigkeit unserer Zeit erlebe ich auch bei mir selbst die Gefahr, dass ich nicht lange und intensiv genug an jemandem »dranbleibe«, der mir ein persönliches Anliegen anvertraut hat. Ich verspreche zwar oft meine Gebetsverbundenheit, vergesse diesen oder jenen Menschen und sein Anliegen aber doch zu schnell. Ich habe es mir deshalb zur Angewohnheit gemacht, mir solche Menschen und Anliegen auf einen Zettel zu schreiben, entweder den Namen der Person oder eine Kurzbeschreibung seines Anliegens, und diesen Zettel auf meinen Hausaltar zu legen. In Schönstatt nennen wir den Ort, wo wir zu Hause gewöhnlich beten, unser Hausheiligtum. Das Schönstattkapellchen, das überall dort gebaut wird, wo Schönstattzentren bestehen, findet seine kleine Fortsetzung in der Gebetsecke, die ich mir zu Hause eingerichtet habe. Auch dort hängt meist das Bildnis der Dreimal Wunderbaren Mutter von Schönstatt und ein »Kreuz der Einheit« mit Maria unter dem Kreuz. Während man in einem Schönstattheiligtum (Kapellchen) normalerweise keine persönlichen Dinge wie Erinnerungszettelchen zurücklassen kann, kann man das zu Hause am eigenen Hausaltar, dem Hausheiligtum, sehr gut. In meinem Hausheiligtum sind von daher viele Fotos von mir lieben Menschen oder Objekte, die mich an bestimmte Situationen erinnern, und meine Gebetszettelchen. Nach der Firmung meines Neffen habe ich zum Beispiel eine kleine, gebackene Heilig-Geist-Taube in mein Hausheiligtum gelegt, die beim Festessen auf der Firmtafel lag. Immer wieder erinnert mich diese Taube an meinen Neffen und ich bete für ihn und in seinen Anliegen.

In den Schönstattkapellchen in aller Welt gibt es jeweils auch einen Krug. Er nimmt Bezug auf die Hochzeit zu Kana im Johannesevangelium (Joh 2,1–12). Maria, die Mutter Jesu, erkannte bei dieser Hochzeit, dass sich für das Hochzeitsfest eine Katastrophe anbahnte, weil der Wein ausging. Sie verwies die Diener auf ihren Sohn Jesus mit den Worten: »Was er euch sagt, das tut!« Jesus ließ die für die jüdisch-kultische Reinigung bereitstehenden großen Krüge mit Wasser füllen und verwandelte das Wasser in köstlichen Wein. So rettete er diese Hochzeitsfeier. Wer in ein Schönstattheiligtum kommt, ist eingeladen, seine Bitten und Anliegen aufzuschreiben und in den bereitgestellten Krug zu werfen. Damit bringen wir im übertragen-geistlichen Sinn unser Wasser herbei, damit auf die Bitte der Gottesmutter Maria ihr Sohn Jesus auch heute Wunder der Verwandlung wirke: Unsere Anliegen mögen sich verwandeln in großen Segen für uns und unsere Lieben. Dabei weiß Gott besser als wir selbst, wie er helfen soll. Wir bitten meist sehr konkret, Gott möge dies und das tun. Gott hat den tieferen Blick der Liebe und weiß, was uns wirklich zum Heile dient. Von daher erfüllt er unsere Bitten nicht immer genau so, wie wir es von ihm erhoffen. Wir dürfen aber sicher sein, dass er jeden Menschen so führt und begleitet, wie es gut für ihn ist. Dabei respektiert Gott unsere Freiheit und tut deshalb nichts gegen unseren freien Willen, den er uns ja eingestiftet hat.

Maria hat damals ihren Sohn am Gewand gezogen und darauf aufmerksam gemacht, in welcher Not sich das neuvermählte Hochzeitspaar befand. Bald würde das Fest zu Ende sein und die Gäste enttäuscht nach Hause gehen, wenn ihnen nicht geholfen wird. Maria als gute Mutter ist aufmerksam für die Nöte der Menschen und erkennt sie. Weil sie ein Mensch ist wie wir und keine Göttin, kann sie selbst keine Wunder wirken, weiß aber, wer Wunder wirken kann: ihr Sohn Jesus! Was diese Überlieferung im Johannesevangelium beschreibt, bezieht sich nicht nur auf den geschilderten Augenblick während dieser Hochzeit in Kana, sondern hat eine darüber hinausgehende, ewige Bedeutung. Das Neue Testament beschreibt uns an dieser wie auch an anderen Stellen, welche Aufgabe Maria in der Geschichte des Heiles hat: Sie sieht die Not der Menschen und bittet ihren Sohn für sie um Hilfe.

Wenn Menschen in den inzwischen über 200 Schönstattkapellchen weltweit, überall wo es Schönstattzentren gibt, ihre Gebetszettelchen schreiben und in den Krug legen, dann weil sie darum bitten, dass auch heute die Gottesmutter Maria ihre Not erkennt und ihren Sohn Jesus am Rockzipfel zupft: »Jesus, schau auf die Not dieser Menschen. Du kannst ja helfen. So hilf bitte auch!«

Freilich, das Wasser müssen wir schon selbst herbeischleppen, wie die Diener damals auch. Wenn die Diener, was gut verständlich gewesen wäre, gedacht hätten, das habe ja doch keinen Sinn, jetzt mit Wasser zu kommen, wo der Wein ausgeht, dann hätte es das Wunder der Verwandlung von Wasser in Wein nicht gegeben. Genauso sollen auch wir unsere Nöte und Sorgen, unsere sonst so penibel gehüteten Abgründe unseres Lebens, voll Vertrauen Gott darbringen, in der Hoffnung, dass

Maria auch heute unsere Nöte sieht und Jesus auf sie verweist, er möge auch heute Wunder wirken. Auf der Borte der Altartücher in den Schönstattheiligtümern steht von daher meist der Satz eingestickt: »Nichts ohne dich, nichts ohne uns.« Er will uns daran erinnern, dass Gott unser Zutun will und gern annimmt, dass er seine Wunder nicht ohne uns oder gar gegen uns wirkt, sondern zusammen mit uns. Und dieser Satz spricht die Glaubensüberzeugung der Schönstätter aus, die eine besondere Liebesbeziehung mit der Mutter Gottes haben, dass nichts ohne sie, ohne Maria geschieht, uns Maria aber einlädt, mitzutun und beizutragen. Das, was wir selbst tun und beitragen können, nennen wir in Schönstatt »Gnadenkapital«. Es sind die vielen kleinen und großen Opfer, die wir bringen und quasi bei der Gottesmutter »einzahlen«, damit es auf ihrem Konto eine große Rendite als Heil und Segen von Gott her für uns abwirft. So weit geht die Mitarbeit des Menschen mit dem Tun Gottes, dass Gott uns als Mitarbeiter annimmt oder als »Hilfsarbeiter des lieben Gottes«, wie ich mich selbst weiter oben genannt habe.

8. Kapitel

»Ich möchte getauft werden!«
oder Der Wind, der Wind, das ...

Auf der ersten Kreuzfahrt, die ich als Bordpfarrer begleitet habe, gab es einen jungen Rostocker, der zum Sport-Animationsprogramm an Bord gehörte. Wir freundeten uns an und er suchte oft meine Nähe, um mit mir über den Glauben zu sprechen. Er hatte viele, viele Fragen, die ich in langen Gesprächen mit ihm erörterte. Ich erinnere mich, dass er mich oft in den Crewbereich des Schiffes mitnahm, wohin sonst auch der Bordpfarrer nicht hinkommt, der nicht zur Crew gehört. Für die Passagiere gehören der Bordpfarrer und die anderen »Künstler« zwar gefühlt zum Schiffspersonal, offiziell sind wir aber Gäste wie die Passagiere auch und haben im Crewbereich des Schiffes nichts verloren. Anders sieht es aus, wenn wir von einem Besatzungsmitglied eingeladen werden; dann dürfen wir den uns sonst verschlossenen Bereich trotzdem betreten.

Mein Freund Andreas saß mit mir also öfter ganz hinten am Schiff, unter dem Deck, auf dem noch Gäste sind, und wir ließen unsere Blicke über die Unendlichkeit des Meeres gleiten und sahen den Wellen nach, die die Schiffsschrauben hier hinten aufwerfen. Der Wind zog uns hier nur leicht um die Nase, weil wir relativ geschützt saßen. Außerdem waren wir hier völlig ungestört und konnten uns ohne Mithörer gut unterhalten. Offenbar animierte uns damals der Blick in die weite Ferne zu intensiven religiös-philosophischen Gesprächen. Bei vielen seiner Fragen konnte ich nicht direkt antworten, erzählte ihm aber von vielen meiner eigenen Glaubenserfahrungen und ließ ihn Anteil daran nehmen.

Gegen Ende der Reise offenbarte mir Andreas, er möchte getauft werden. Er wohnte damals in Hamburg, von wo er auf diesem Schiff angeheuert hatte. Ich versprach ihm, mit seinem Heimatpfarramt Kontakt für ihn aufzunehmen. So war es dann auch. Als das gute halbe Jahr Dienst auf dem Schiff, für das er sich verpflichtet hatte, beendet war und Andreas wieder in Hamburg wohnte, trat er in seiner Heimatpfarrei in den Katechumenatskurs ein, der mehrere junge Erwachsene auf die Taufe vorbereitete. Ich telefonierte gelegentlich mit seinem Pfarrer, der den Kurs leitete, und hörte mit Freude, mit wie viel Interesse und Eifer mein Freund dort bei der Sache war und sich auf seine Taufe vorbereitete. Er selbst schrieb mir öfter E-Mails, um mir zu erzählen, was ihn besonders bewegte, oder um mir eine Glaubensfrage vorzulegen und meine Meinung zu erfahren.

Nach etwa einem Jahr war es mir eine große Freude, dass mich Andreas nach Hamburg einlud, ihm im Gottesdienst mit anderen Taufbewerbern die Taufe zu spenden. Ich bin damals von Nürnberg, wo in der Nähe meine Pfarrei lag, nach Hamburg geflogen und zwei Tage dort geblieben für die Taufe von Andreas. Sein Taufpate damals war ein Synchronsprecher, den ich bis heute öfter in Film- oder Fernsehen höre, wenn er seine

Stimme einer Person leiht. Seine sonore, weiche Stimme, die ich damals bei der Taufe unseres Freundes Andreas in Hamburg das erste Mal gehört hatte, fällt mir sofort auf, wenn ich sie höre.

Leider ist der Kontakt zu Andreas über die Jahre immer schwächer geworden. Inzwischen schreiben wir uns nur noch zu Ostern und zu Weihnachten. Aufgrund des Wenigen, was er mir inzwischen nur noch von sich selbst schreibt, habe ich Sorge, dass der Glaube für ihn inzwischen wieder mehr Fragen als Antworten aufwirft. Ich bin inzwischen aber zu weit weg von ihm, als dass ich ihn in seinem Glauben stützen könnte. Wenn ich an Andreas denke, so bete ich für ihn. Ich denke gern zurück an unsere wachsende Freundschaft während meiner ersten Kreuzfahrt und seine Taufe, die ich als großes Geschenk an ihn, aber auch an mich empfand.

Vielleicht war der Wind, der uns damals bei unseren religiösen Gesprächen auf dem Kreuzfahrtschiff umwehte, auch ein wenig das Wehen des Heiligen Geistes. Denn dass Andreas und ich uns begegnet sind, uns gut verstanden haben, mehr und mehr Vertrauen zueinander gefunden hatten und unsere Begegnungen schließlich zu seinem Taufwunsch führten, haben wir nicht gemacht. Das war reine Gnade. Der Geist Gottes wirkt eben, wo und wie er will. Manchmal müssen wir aber unsere schützende Umgebung verlassen, uns bewegen und bewegen lassen, damit der Geist Gottes uns auch innerlich bewegen kann. Eine Kirche, die statisch ist, die ihre Besitzstände hütet und bewacht, ist ein Antibild zu einer Kirche des Aufbruchs, die sich bewegen lässt, die zu neuen Ufern aufbricht in der Erwartung, dass der Heilige Geist zu allen Zeiten Neues bereithält. Das fällt einer Institution natürlich nicht leicht, die sich sagen kann, dass sie ja bereits alles hat, was sie braucht: die Heilige Schrift, die Sakramente und eine riesige Tradition. So fertig und in sich abgeschlossen wirkt die Kirche tatsächlich eher abgeschottet auf suchende und fragende Menschen. Solche Menschen wollen keine fertigen Antworten, schon gar nicht auf Fragen, die sie (noch) gar nicht gestellt haben. Sie suchen Wegbegleitung, wollen ernst genommen werden und im Dialog nach der Wahrheit suchen, die das eigene Leben reich und froh macht.

Deshalb muss die Kirche und besonders ihr Bodenpersonal zu allen Zeiten den Mut haben, ihre Schätze aus der Vitrine zu holen, ihre Lehren zu verflüssigen, ohne sie zu verwässern, indem sie sie hineinstellt in den öffentlichen Diskurs. Und dieser kommt meist erst einmal wenig theologisch daher. Menschen fragen nicht gleich nach Gott, sondern wollen ihr Leben in den Griff bekommen und einfach glücklich werden. Erst müssen die menschlichen Grundbedürfnisse gestillt sein, bevor die Frage nach der Lebensqualität gestellt wird.

Von daher muss die Kirche vorbehaltlos an der Seite derer stehen, die um das nackte Überleben kämpfen müssen. Solidarität und Teilen sind christliche Tugenden. Das Schicksal auch des Menschen auf der anderen Seite des Erdballs kann einen Christen nicht kalt lassen, als gehe es ihn nichts an. Als Schwestern und Brüder Christi sitzen wir alle in einem Boot und gehören zur selben Familie der Kinder Gottes. Wie froh und stolz bin ich, wenn ich jedes Jahr neu hören darf, dass wir in Deutschland Spendenweltmeister sind. Es geht uns in unserem reichen Land sehr gut. Gott sei Dank teilen viele Menschen ihren Besitz und ihre Möglichkeiten mit denen, die weniger Chancen haben und viel weniger besitzen. Für unsere Bereitschaft zum Teilen dürfen wir uns in Deutschland rühmen, nicht aber für eine vermeintliche Überlegenheit.

Auf See werden wir durchgepustet. Der Wind steht für den Heiligen Geist, der unbequem ist, der eine steife Brise sein kann, die entgegenweht. Zugleich müssen wir durchlüften, frischen Wind reinbringen in unser Leben und in die Kirche. Nur wer den Wind und den Geist wehen lässt, sich nicht einmauert, fühlt sich lebendig. Nur eine Kirche, die selbst immer wieder neu auf der Suche nach der Neuheit und Frische des Heiligen Geistes ist und sich von ihm bewegen, auch verändern lässt, ist interessant und anziehend für andere. Die konkreten Formen, die in der Kirche gelebt werden, sind veränderbar. Der christliche Kern muss und soll sich in immer neuen, der jeweiligen Zeit angemessenen Formen ausdrücken. Weiter oben habe ich schon Schrift, Sakramente und Tradition erwähnt.

Die Heilige Schrift ist weniger das Buch der Bibel, das leider bei vielen von uns im Bücherschrank verstaubt, sondern das lebendige und lebensspendende Wort Gottes für jeden Menschen hier und heute. Wenn ich selbst in der Bibel lese oder wenn Bibelstellen in den Liturgien der Kirche verkündet werden, geht es nicht um Kenntnisnahme alter Texte, sondern Gott spricht je neu mich an und hat eine frische, adäquate Botschaft für mich. Ich sollte also fragen (und das ist letztlich auch Gebet), welche Botschaft Gott jetzt und hier für mich hat. Warum sagt er mir das? Wie fordert mich dieser Text heraus? Gibt er mir eine Antwort auf die Fragen, die mich gerade beschäftigen, oder bleibt er eher stumpf, scheint gar nicht in das hineinzupassen, womit ich im Moment umgehe? Diesen Gedanken nachzulauschen, ist sehr wichtig; Gott zu fragen und zu bitten, was er mir jetzt sagen will; ihn um den Heiligen Geist zu bitten, damit der biblische Text für mich lebendig, eben zur Botschaft wird.

Oder die Feier der Sakramente: Jesus hat Zeichen gestiftet, durch die er uns heilsam nahekommen und uns berühren möchte. Es soll nicht dem Zufall überlassen sein, ob ein Mensch aufgrund seiner religiösen Musikalität oder geringen religiösen Begabung Gott erfährt. In den Sakramenten, die auf Weisung und Einsetzung Jesu die Kirche in seinem Namen feiert, will Gott verlässlich zu uns Menschen kommen und sein Heil in unserem Leben wirken.

Wie froh bin ich als Priester, dass die Sakramente *ex opere operato*, also aus sich selbst, wirken und nicht von meiner Tagesverfassung abhängen. Diesen Ausdruck hat die Theologie geprägt für die Erkenntnis, dass die Wirksamkeit von Sakramenten nicht von der persönlichen moralischen Qualität oder dem geistlichen Fortschritt eines Priesters abhängt: je heiliger der Pfarrer, umso wirksamer sein Segen. Vielmehr darf ich sicher sein, dass, wenn ich tun möchte, was die Kirche tut, und es in der Form vollziehe, die dafür vorgesehen ist, Gott dann wirkmächtig in meine Kleinheit einbricht und sein Heil wirklich wirkt. Ich darf dabei mitwirken. Wenn ich also bei einer Morgenmesse noch viel zu schläfrig bin und mich kaum konzentrieren kann, so sagt mir Gott doch zu, dass er ganz da ist, dass er mein Unvermögen mit seiner Wirkkraft beantwortet und die Mitfeiernden und ich selbst sicher sein können, dass Gott die Gaben von Brot und Wein auf dem Altar wirklich und wirkmächtig in den Leib und das Blut seines Sohnes verwandelt.

Ist das zu »starker Tobak« für Sie? Ist es für Sie anrüchig, dass das Heilige und Göttliche hier scheinbar zu stark herabgezogen und verdinglicht wird? Ist Ihnen die Überlegung unangenehm, dass hier Gott und Mensch so stark zusammenwirken, dass wir als Menschen Sicherheit sogar in himmlischen Dingen haben? Für mich ist evident, dass solche Überlegungen nur dann richtig sind, wenn wir überzeugt sein können, dass Gott unser Heil wirklich will, dass Gott nicht den Abstand zu uns Menschen sucht, sondern uns ganz nahe kommen möchte, wenn er den »garstigen Graben« überspannen möchte, damit das Himmlische bereits ins Irdische, das Heilende ins Verwundete bereits einbrechen kann. Ja, genau ein solches Gottesbild steht hinter diesen Zeilen. Es ist die Überzeugung und das Bild von Gott, das so ganz anders ist als das Bild Gottes, das viele in sich tragen: Statt des Fernen, der sich nicht für mich interessiert, mit dem ich auch kaum Kontakt aufnehmen kann, der mit meinem Leben konkret nichts zu tun hat, ohne den ich ganz gut selbst durchs Leben komme, leuchtet hier Gott auf, der sich für mich interessiert, der mein Glück möchte, der mich persönlich kennt, der mein Leben unsichtbar begleitet, der sich kundtun möchte mitten in den Erfahrungen meines Lebens, ja, der letztlich für mich, für mich ganz persönlich, in Jesus Christus Mensch geworden ist, der für mich gelitten hat und gestorben ist, um mich zu erlösen.

Wiederum wird sich mancher der Leser an dieser Stelle fragen: Wovon soll/muss ich denn erlöst werden? Ich kann doch alle Dinge des Lebens, die für mich wichtig sind, selbst entscheiden und machen! Ich bin doch nicht von fremden Mächten abhängig, sondern habe das Heft meines Lebens selbst in der Hand. Selbst wenn etwas einmal nicht so klappt in meinem Leben, dann bin doch ich selbst oder sind die Umstände schuld, sicher aber kein Gott! Ich denke, so denken und fühlen heute viele Menschen in unserer säkularisierten Welt. Ich mache ihnen keinen Vorwurf. Vielmehr kann ich mich recht gut in sie hineindenken. Es geht mir nicht darum, jemandem etwas einzureden, was er nicht selbst erfahren hätte. Ich möchte Sie aber einladen, zumindest offen und aufmerksam zu sein, ob und wie sich Gott nicht doch auch in Ihrem Leben zeigt.

Der dritte Bereich, auf den wir nach Heiliger Schrift und Sakramenten noch schauen müssen, ist die Tradition. Wenn die Dinge in der Welt und um uns herum nicht rein zufällig sind, sondern von einem Liebeswillen Gottes getragen und zugelassen, dann bekommt die Geschichte eine heilsgeschichtliche Funktion, dann spricht sich Gott in Sein und Zeit aus, dann wird aus Geschichte lebendige Tradition, in der sich Gott kundtut. Die Kirche ist davon überzeugt, dass die Gesamtheit der Gläubigen in Sachen des Glaubens nicht irren kann. Diese Unfehlbarkeit kennen wir von Ex-cathedra-Entscheidungen der Päpste. Aber in gleicher Weise haben auch alle Gläubigen einen untrüglichen Glaubenssinn, der sie nicht irregehen lässt. Die Geschichte ist durch die Freiheit des Menschen zwar immer auch geprägt von Sünde und Schuld. Im Ganzen aber kommt sie von Gott und geht zu ihm zurück. Zeit ist Heilszeit und Zeit der Gnade.

Ich habe Ihnen am Anfang dieses Kapitels von meinem Freund Andreas erzählt, für den ich auf seinem Glaubensweg in einer konkreten Etappe seines Lebens eine Bedeutung haben durfte. Dabei habe ich im Eigentlichen nichts für ihn getan. Das Eigentliche zwischen uns und auch in seiner Taufe ist und war reines Geschenk. Ich bin überzeugt, dass Gott allen Menschen gern das Geschenk des Glaubens macht, die sich ihm öffnen, und wenn es auf dem Weg der Sehnsucht ist, dass das eigene Leben gelingt und einen Sinn über hier und heute hinaus haben wird.

9. Kapitel
Beichte im Wasser *oder* Unter den Sternen

Ein Erlebnis der besonderen Art schenkte mir der letzte Sonntag. Wir lagen auf Reede vor einer Insel. Ich fuhr so bald wie möglich mit einem der Tenderboote an Land, um an der Heiligen Messe in der Pfarrkirche teilzunehmen, die man von Bord unseres Schiffes aus schon gut sehen konnte. Als ich gegen 9.00 Uhr zu Fuß an dieser Kirche ankam, hörte ich schon Musik nach draußen dringen. Durch den Haupteingang sah ich aber noch niemanden im Altarraum und ging deshalb in die Sakristei. Hier standen drei Männer, in weiße Alben gekleidet. Ich stellte mich ihnen vor und sie sagten mir, dass wir mit mir als Priester ja nun eine Heilige Messe feiern könnten. Die drei Männer waren also weder Priester noch Diakone, sondern standen in Vertretung eines Pfarrers einem Wortgottesdienst am Sonntag vor. Ich hatte zwar gehofft, einem anderen Priester konzelebrieren zu können, war aber auch bereit, selbst einer Heiligen Messe vorzustehen.

Neben der einheimischen Sprache wird auf dieser Insel Französisch gesprochen. Mit dem französischen Messbuch, das hier in der Sakristei lag, traute ich mir zu, eine Sonntagsmesse auf Französisch zu feiern. Nun sagte aber der Sakristan, dass der Priester, der zweimal im Monat sonntags auf diese Insel für die Heilige Messe kommt, die Hostien immer mitbringt. Ich hatte natürlich keine Hostien dabei. Unglücklicherweise wussten die Männer auch nicht, wo hier in der Sakristei der Tabernakelschlüssel liegt. Wir hatten also weder Hostien noch Zugang zur Kommunion im Tabernakel der Kirche. So verständigten wir uns, doch einen Wortgottesdienst zu feiern, bei dem ich das Evangelium verkünden und danach den Beginn der Predigt übernehmen sollte.

Dabei stellte ich mich der Gottesdienstgemeinde vor und erwähnte auch einige andere Passagiere, die zu diesem Gottesdienst in der Kirche waren. Wir wurden durch einen herzlichen Applaus begrüßt. Die eigentliche Predigt hielt einer der Katechisten in weißer Albe. Leider sprach er dabei in der Sprache der Insulaner und nicht auf Französisch, sodass ich nichts verstand. Die Gemeinde mit vielen Kindern hat sehr schön mehrstimmig gesungen, von einigen Gitarren begleitet. Nach dem Offertorium mit Kollekte folgte eine eucharistische Anbetung vor dem geschlossenen Tabernakel, die mir außerordentlich gut gefallen hat. Jesus Christus, das lebendige Brot vom Himmel, wurde dabei in Anrufungen gepriesen und gelobt, immer wieder von schönen Liedversen unterbrochen. Ich fragte mich, ob das künftig vielleicht auch das Bild einer deutschen Pfarrei sein wird, wenn nur noch selten ein Priester sonntags die Heilige Messe feiert, ob auch dort die Gläubigen zu einem Wortgottesdienst zusammenkommen und den eucharistischen Herrn in ihrer Mitte loben und preisen. Am Ende der Feier konnte ich noch den abschließenden Segen spenden und vielen Gläubigen vor der Kirche kurz persönlich begegnen.

Wovon ich in diesem Kapitel aber vor allem berichten möchte, fand nach diesem Sonntagsgottesdienst statt. Mit anderen Passagieren schlenderte ich durch das Städtchen. Wir kamen zu einer kleinen Hotelanlage mit Hütten als Unterkünften, die direkt auf das Lagunenmeer hinausgingen. Weil wir dort zu Mittag etwas gegessen hatten, durften wir den Strand anschließend auch zum Schwimmen nutzen. Man kam sich wie in einem Aquarium vor, so schöne Fische in allen Farben schwammen in diesem Korallenriff. Die Sonne war sehr stark, weshalb ich nicht so lange im Wasser blieb, um keinen Sonnenbrand zu bekommen.

Beim Zurückschwimmen begegnet mir eine Frau, auch von unserem Schiff, die mich, schwimmend und in Badehose, als Bordpfarrer erkennt. Neben ihr schwimmt ihr Mann. Ich bin nicht wenig überrascht, als sie mich fragt, ob sie hier bei mir beichten könnte. Es gibt kleine Rundtische mitten im Wasser, mit runden Palmdächern. So schlage ich der Frau vor, dass wir uns dort in den Schatten setzen wollen, noch mitten im Wasser, und bitte ihren Mann, uns solange allein zu lassen. So nehme ich meine erste Beichte in Badehose mitten im Meer ab. Die Dame ist dankbar für meinen Zuspruch und die Absolution und verspricht, die Buße, die ich ihr auferlege, gewissenhaft zu erfüllen.

Beim heutigen Abendgebet danke ich dem lieben Gott besonders für die Möglichkeiten, die er mir auf dieser Reise schenkt, Menschen in außergewöhnlichen Situationen seine Liebe zu bezeugen und zuzuwenden. Ich bin Tausende Kilometer von zu Hause entfernt und bin hier doch auch zu Hause. Was ich heute Morgen erleben durfte, dass ich in einer fremden Gemeinde Gastrecht bekam und fremde Menschen durch das gemeinsame Gebet und Lesen in der Heiligen Schrift mit mir zusammen Gemeinde Gottes geworden sind, ist ein echtes Geschenk und eine herrliche Gabe Gottes. Der Glaube vereint und verbindet uns, über Länder-, Kontinental- und Sprachgrenzen hinweg. Gemeinsam sind wir Kinder des gemeinsamen Vaters im Himmel und dadurch Familie Gottes.

Ich gehe vor dem Schlafengehen nochmals nach draußen. Das Schiff hat inzwischen wieder Kurs genommen und die Insel des heutigen Sonntags ist in unsichtbare Ferne gerückt. Von der Reling aus schaue ich nach oben in eine faszinierende Sternenwelt. Weil es hier auf dem Meer stockdunkel ist, sind viel mehr Sterne sichtbar als in unseren erleuchteten Städten. Ich sehe mit bloßem Auge, wie sich die Milchstraße über mir wölbt wie ein heller Schweif aus Tausenden Sternen. Ich fühle mich glücklich mit dem Blick in die Sterne und in der Erinnerung an die Erlebnisse dieses Sonntags. Es war nichts Spektakuläres, was ich erlebt habe. Aber die Erfahrung der geistlich-religiösen Nähe zu Menschen, mit denen ich sonst nichts zu tun habe und mit denen ich nur über den Glauben zusammengekommen bin, ist herzerwärmend. Was ist das doch für ein Geheimnis, dass Gott in der Menschwerdung seines Sohnes Jesus Christus die Menschen in der Taufe sich eingliedert und die Getauften weltweit damit zu Schwestern und Brüdern Jesu und damit zur Familie Gottes macht? Ich durfte das heute erfahren und genieße es, dass ich Teil dieser Gemeinde geworden bin, die in so einfacher, aber froher Form ihren Glauben in ihrer kleinen Inselkirche mit vielen Muschelverzierungen gefeiert hat.

So hänge ich meinen Gedanken nach unter den Sternen der Südsee. Die Sterne sind die Deckenfresken des Meeres. Sie bezaubern, lassen träumen, künden von einer großen Macht – und sie geben Orientierung. Der Meerstern Maria ist solch ein Stern des Lebens und wichtiger Bestandteil der Schönstatt-Spiritualität, aus der ich lebe. Und man erkennt auf See, nicht nur in den Sternen, aber vor allem auch da, die machtvolle Handschrift Gottes. Was ist die marianische Dimension von Kirche und Glauben? Maria, der Meeresstern (Stella Maris), wie sie genannt wird, ist Vorbild, Wegbegleiterin, Helferin, Werkzeug und Bündnispartnerin. Wenn ich zu ihr aufschaue, wie gerade zu den Sternen, sehe ich etwas von der Herrlichkeit und Größe Gottes. Maria ist wie ein Kompass auf den Wegen unseres Lebens. An ihr können sich die Menschen ausrichten und orientieren. Sie war das einfache Mädchen aus einer jüdischen Familie in Nazareth, sicher aus frommem Haus. Ihre Eltern, der Überlieferung nach tragen sie die Namen Joachim und Anna, haben sie in den jüdischen Traditionen unterrichtet. Auf dieses einfache Mädchen aus Nazareth fiel Gottes Liebesblick in besonderer, ja einzigartiger Weise. Ich stelle mir vor, dass zur Lebenszeit Mariens wahrscheinlich viele junge Frauen aus Israel im Stillen die Hoffnung hegten, selbst das auserwählte Werkzeug für die Ankunft des Messias bei den Menschen zu werden. Das muss ja die größte Auszeichnung sein, die einem Menschen zuteilwerden kann. An einem konkreten Moment der Menschheitsgeschichte geschieht nun diese Auszeichnung an einem Menschen, an Maria. Sie war von Gott vorherbestimmt, begnadet, wie wir sagen, seinem eingeborenen Sohn den Weg in unsere Welt zu bahnen. Die Verkündigungsüberlieferung im Lukasevangelium (Lk 1,26–38) ist ein Kleinod tiefer Gottesbegegnung. Da sendet Gott seinen Boten, den Erzengel Gabriel, in das Haus seiner niedrigen Magd und fragt an, ob sie bereit sei, die Mutter Gottes zu werden. Man stelle sich das vor: Der große Gott, der Schöpfer aller Dinge, fragt bei seinem Geschöpf nach, ob es willens und bereit ist, seinen, Gottes Heilsratschluss zu erfüllen oder zumindest maßgeblich daran mitzuwirken! So groß ist Gott, dass er sich so klein machen kann, uns Menschen nicht überwältigt oder vergewaltigt, sondern nobel-vorsichtig anfragt. Er respektiert die Freiheit, die er uns Menschen eingestiftet hat, bis zum letzten Moment.

Da steht nun die göttliche Frage nach der Bereitschaft Mariens im Raum. Maria, auch da ganz Mensch und Geschöpf, fragt zurück und gibt ihre Bedenken kund. Damit macht sie auch uns Mut, dass wir das Gott gegenüber tun können. Wir können und sollen nachfragen. Schließlich willigt sie aber ein mit dem bekannten Wort: »Mir geschehe, wie du es gesagt hast!« Sie konnte nicht abschätzen, was ihr Jawort für sie bedeuten würde, und ist trotzdem bereit. In diesem Moment legt Maria das Regiment ihres Lebens in Gottes Hände. Mit ihrer Bereitschaft ist verbunden, dass künftig Gott festlegen kann, welche Bestimmung ihr Leben hat.

Das Ja Mariens hat ihr neben der außerordentlichen Gnade, Gottesgebärerin zu werden, auch unendlich viel Leid eingebracht. Sie begleitet den Weg ihres Sohnes bis unters Kreuz. Gottlob war sie auch eine der ersten Zeuginnen der Auferstehung ihres Sohnes. Ihre Bereitschaft, sich Gott vorbehaltlos zur Verfügung zu stellen, ist vorbildlich für die Menschen aller Zeiten.

Vom Kreuz herab gibt ihr Sohn Jesus seinen Lieblingsjünger Johannes in die familiäre Obhut seiner Mutter und vertraut Johannes Maria als seine (neue) Mutter an. Die Kirchenväter verstanden dieses gegenseitige Anvertrautwerden von Maria und Johannes, von Mutter und Sohn, nicht als nur auf diesen Moment bezogen, sondern als symptomatisch und programmatisch für alle Zeiten: Wie Mutter und Sohn sich anvertraut sind, so sind zu allen Zeiten die Söhne und Töchter Gottes der Mutter des Erlösers anvertraut. Damit wird Maria über ihr irdisches Leben hinaus zur Wegbegleiterin aller Christen. Ihre Mission endet nicht mit ihrer irdischen Existenz, sondern setzt sich durch alle Zeiten fort, Mutter der Kinder Gottes zu sein. So war, ist und wird Maria Helferin ihres Sohnes bei seinem gesamten Erlösungswerk sein. Die Begnadung der niedrigen Magd Maria setzt sich fort, indem sie als von Gott auserwählter Mensch eine einzigartige Helferin in der Heilsgeschichte bleibt. Das Heil selbst kommt dabei immer von dem einen, der das Heil schenken kann, von Gott selbst. Maria ließ sich aber in besonderer Weise heil machen von Gott, indem sie sich für Gott vorbehaltlos in Dienst hat nehmen lassen, um dadurch Helferin und Werkzeug Gottes zu sein.

In der Schönstatt-Spiritualität, die vom Denken und Lehren Pater Josef Kentenichs bestimmt ist, ist Maria darüber hinaus auch noch Partnerin im Liebesbund mit dem dreifaltigen Gott. Pater Kentenich ging modernneue Wege in der Pädagogik. Statt Drill und Zwang, die vor 100 Jahren in Lehranstalten üblich waren, wollte er den jungen Menschen, die seiner Sorge als Spiritual anvertraut waren, sein Herz schenken. Er war überzeugt: »Neue Väter braucht das Land.« Der Wert der Väterlichkeit müsste neu entdeckt und gefüllt werden. Es brauche ein neues Vaterbild, das geprägt ist von »selbstlosem Dienen jeder fremden Originalität gegenüber«. Pater Kentenich hatte als Kind in einem Waisenhaus eine kalt-berechnende und oft herzlose Pädagogik am eigenen Leib erleiden müssen und wollte es später unbedingt anders machen, wenn er Verantwortung für junge Leute hätte. In einer Herzenspädagogik wandte er sich deshalb später bewusst zuerst an das Gefühl und Gemüt der jungen Zöglinge und ermutigte sie zu eigenverantwortlichem Handeln aus inneren Überzeugungen. Bei der religiösen Begleitung und Unterweisung der Jungen im Seminar der Pallottiner in Schönstatt nahm er bewusst Bezug auf die Marianischen Kongregationen, die es seit 400 Jahren gab. Er ermöglichte den Pallottiner-Studenten, dass sie sich ein leer stehendes Kapellchen selbst herrichten konnten. Pädagogisch ist es immer am besten, junge Menschen zur Eigeninitiative anzuleiten, statt ihnen alles vorzusetzen. So verwandelten die jungen Leute das alte, ehemalige Friedhofskapellchen zu ihrem Kongregationsort, an dem sie sich treffen konnten. An diesem ihrem Ort trafen sie sich, nicht nur untereinander, sondern auch mit der Übernatur, mit dem dreifaltigen Gott und der Gottesmutter, in ihrem geistlichen Tun. Vom Gründer seines Ordens, der Pallottiner, wusste Pater Kentenich, dass Maria in der Geschichte viele Male Wunder wirken konnte. So verwies er die jungen Leute auf Maria als einzigartige Hilfe für jeden Menschen auf dem Weg zu Gott im eigenen Glaubensleben. Am 18. Oktober 1914 schloss er mit den Kongregationalisten das erste Schönstättische Liebesbündnis mit der Dreimal Wunderbaren

Mutter von Schönstatt. Mit diesem Datum beginnt die
Geschichte der internationalen geistlichen Bewegung
von Schönstatt, die inzwischen in allen Kontinenten
verbreitet ist. Aufgrund der Überzeugung, von der wir
weiter oben schon sprachen, dass Maria das bevorzugte
Werkzeug Gottes war, ist und sein wird, führte er die
jungen, angehenden Pallottiner zum Liebesbündnis mit
der Gottesmutter. Der eigentliche Bündnispartner ist
und bleibt aber Christus. Maria führt immer zu einer
lebendigen Beziehung zu ihrem Sohn hin.

Aus diesem Liebesbündnis haben die jungen Leute um ihren Spiritual Pater Josef Kentenich, die später
»Mitgründer Schönstatts« genannt wurden, die Schrecken des Ersten Weltkriegs bestehen können. Tatsächlich wurde an ihnen die innere Wirkung des Liebesbündnisses deutlich sichtbar, wie sie die Schrecken und
das Leid des Krieges bestehen konnten. Josef Engling
ist einer der Bekanntesten aus dieser ersten Generation.
Er schrieb aus dem Feld Briefe an seine Mit-Kongre-
gationalisten und an seinen geistlichen Begleiter Pater
Kentenich, dass er sich geistigerweise in das Kapellchen
von Schönstatt versetzt, wenn die Granaten über ihm
einschlagen, und dass er deshalb eine erstaunliche Ruhe
hat. Er hatte sogar die Kraft und den Mut, sein junges
Leben für das Wachsen der neuen Kongregation zu op-
fern. Im Blick auf Josef Engling und andere Mitgründer der Schönstattbewegung sehen wir die Wirkung
des Liebesbündnisses über die Gottesmutter Maria mit

dem Dreifaltigen Gott: dass Menschen auch in schwie-
rigsten Lebenssituationen dem Ruf Gottes treu bleiben
können, Gott und den Menschen zu lieben.

10. Kapitel

Hochzeit an Bord
oder Endlich da

Ich bin Ihnen noch die Auflösung der Frage schuldig, ob das Paar an Bord heiraten konnte! Die Schwierigkeiten ließen sich gottlob überwinden, und ich konnte heute die angefragte Trauung an Bord vornehmen. Inzwischen weiß ich auch, wo die Schwierigkeiten herkamen, die das Schiffsmanagement erst machte: Für Hochzeiten an Bord stehen normalerweise bestimmte Buchungsmodule zur Verfügung. Der Kreuzfahrtdirektor wollte natürlich ein solches Modul verkaufen. »Mein« Paar aber wollte eine sehr kleine und unauffällige Trauung ohne größeren Aufwand. Sie erinnern sich, dass es auf des Messers Schneide stand, ob sich die Verantwortlichen an Bord darauf einlassen würden. Nachdem es sich um »Wiederholer« handelt, also regelmäßige Reisende, die dem Kreuzfahrtdirektor auch persönlich bekannt sind, willigte er schließlich in ihren Wunsch ein. Wir durften am Samstag um 11.00 Uhr für die Trauungszeremonie die Offiziersmesse in einem für Passagiere sonst nicht zugänglichen Teil des Schiffes nutzen.

Heute nun war diese Trauung. Weil es sich um zwei Katholiken handelt, haben wir klassisch eine Trauungsmesse gefeiert. Ich sollte auf Bitten des Paares zwei Trauzeugen besorgen. Der eine war mein »Künstlerkollege«, der Conférencier, der bei den Shows durchs Programm führt. Am ersten Seetag hatte ich ein längeres Gespräch mit ihm, bei dem er mir erzählte, dass er und seine Familie aktiv in der Fokolarbewegung sind. Über diese Mitgliedschaft kannte er auch die Schönstattbewegung. Das war der Grund, weshalb ich ihn ansprach und fragte, ob er die Aufgabe des Trauzeugen übernehmen würde. Er war angenehm überrascht und willigte gern ein.

Beim zweiten Trauzeugen war ich mir lange nicht sicher. Ich dachte erst an »meinen« Lektor, den Sie ja auch schon kennen. Er hatte sich schon bei meinem ersten Gottesdienst an Bord als Lektor angeboten. Ich habe zwar bei den weiteren Gottesdiensten gesagt, dass auch andere Passagiere gern einmal etwas lesen oder bei Eignung auch etwas auf dem Flügel spielen könnten. Bisher hat sich aber niemand mehr gemeldet außer diesem immer gleichen Lektor. Deshalb dachte ich für die Aufgabe des zweiten Trauzeugen erst an ihn. Während meiner Überlegungen, ob ich ihn ansprechen sollte, lief mir dann aber eine Dame über den Weg, die auch eine regelmäßige Gottesdienstbesucherin ist. Sie hatte mich bei einem Gespräch einmal gefragt, wie sie mich eigentlich ansprechen sollte. Weil ich kein Pfarrer mehr bin und das offizielle »Herr Generalrektor« viel zu formal ist, haben wir uns auf die in romanischen Ländern übliche Form »Padre Christian« geeinigt. Diese Frau schien mir für die Aufgabe als Trauzeugin dann noch besser geeignet als mein älterer Lektor. Wie froh war ich, dass auch sie positiv, ja sogar dankbar auf meine Anfrage reagierte.

So trafen wir uns, der Weisung des Kreuzfahrtdirektors folgend, kurz vor 11.00 Uhr dort, wo ich immer meinen Morgengottesdienst feiere. Ich hatte beide
Hände voll mit meinen Gewändern und den Büchern.
Wie gut, dass das Paar und die Trauzeugen mich gleich
unterstützten und mir einen Teil meiner vielen Dinge
abnahmen. Der Kreuzfahrtdirektor führte uns in die
Offiziersmesse direkt hinter der Brücke. Der Raum mit
alten Stichen an der Wand gleicht vielleicht ein wenig
einem Trauzimmer in einem deutschen Rathaus. Vorn
steht ein großer, ovaler Tisch, den ich gut als Altar verwenden kann. Davor stehen vier Stühle. Ich bitte den
Kreuzfahrtdirektor noch, uns etwas Weißwein und Wasser zu besorgen. Er ist sichtlich überrascht und sagt mir
vorsichtshalber, dass in einer halben Stunde im Nachbarraum das Mittagessen der Offiziere beginnen wird.
Ich lasse mich nicht beirren und sage meinem Paar und
den Trauzeugen, dass wir nun alle Zeit der Welt haben.
Der Kreuzfahrtdirektor bringt mir ein Glas Weißwein
und ein anderes mit Wasser und zieht sich zurück.

Schnell habe ich alle Dinge so gerichtet, wie ich sie
brauche. Wir feiern gemeinsam eine eher schlichte Trauungsmesse. Der Conferencier liest die Lesung. Ich singe einige Messteile und einige Lieder selbst. Nach ihren
Möglichkeit beteiligen sich die anderen daran. Aus dem
Internet habe ich die Texte kopiert, die ich für den Trauungsteil brauche. Trauringe haben die beiden dabei. Ich
segne sie mit dem Wasser, das man mir gebracht hat und

das ich gesegnet habe. Die beiden sind ganz ergriffen und es stehen ihnen Tränen in den Augen. Immerhin sind sie schon seit 25 Jahren standesamtlich verheiratet und haben lange auf eine Möglichkeit gewartet, auch noch ihre kirchliche Trauung nachzuholen. Nun ist es so weit und die beiden stecken sich ihre Eheringe an die Hand. Ich gratuliere ihnen zu ihrer sakramentalen Ehe, die sie gerade eingegangen sind, und auch die beiden Trauzeugen gratulieren. Wir alle sind sehr gerührt und ergriffen. Nach dem Trauungslied aus dem neuen Gotteslob (Nr. 499) feiern wir Eucharistie und ich darf den beiden Neuvermählten und den Trauzeugen den Leib und das Blut Christi reichen. Inzwischen hören wir Stimmen aus dem Nachbarraum, der nur durch einen Vorhang abgetrennt ist. Die Stimmen sind aber zurückhaltend, wohl weil man uns beten und singen hört.

Am Ende der Feier kommt auch der Kreuzfahrtdirektor wieder zu uns und öffnet eine Flasche Sekt. Wir stoßen miteinander an und machen einige Fotos. Auch der Kapitän lässt sich sehen und wir machen mit ihm zusammen vorn auf dem Bug mit dem Meer im Hintergrund einige schöne Erinnerungsfotos.

Gemeinsam gehen wir hinunter, um beim Mittagessen im Restaurant noch etwas nachzufeiern. Dem Kreuzfahrtdirektor haben wir versprochen, die Trauung an Bord nicht an die große Glocke zu hängen, damit der Nicht-Erwerb der Hochzeitsmodule für das Schiff nicht geschäftsschädigend wird.

Damit ist nicht nur dieses Brautpaar angekommen, sondern auch wir sind am Ende unserer Reise angekommen, von der ich auf diesen Seiten einige Erfahrungen nachgezeichnet habe. Es ist schön, unterwegs zu sein, es ist aber auch schön, wieder nach Hause zurückzukommen. Ich habe sogar den Eindruck, dass ich das Meine mehr schätze, wenn ich es eine Zeit lang nicht habe. So schön es ist, fremde Menschen und ferne Ziele kennenzulernen, so schön ist es auch, wieder zu den eigenen Lieben nach Hause zurückzukehren. Das erste Wort von ihnen zu Hause ist ja dann auch meist: »Gut, dass du wieder gesund zurück bist!« Erst dann kommt die Frage: »Na, wie war es denn nun?«

Wenn wir nicht wieder heil und gesund zurückkehren, sind die schönsten und interessantesten Erfahrungen nichts und unbedeutend. Wir bemessen das Ferne am Nahen, das Unbekannte am Bekannten, die neue Erfahrung an dem, was wir schon kennen. Von daher sind die Reisen Zugaben zu unserem Leben, die unser Leben bereichern und uns neue Einsichten schenken können. Aus diesem Grund sind seit etwa 200 Jahren, seit der Aufklärung, der Klassik und der Romantik Menschen, die es sich leisten konnten, aufgebrochen, um Italien kennenzulernen wie Goethe, die neue Welt zu bereisen wie Humboldt oder die Alpengipfel zu bezwingen wie Whymper. Ihre Berichte nach Hause haben das Fernweh vieler Menschen entzündet, sodass im 20. Jahrhundert der Massentourismus einsetzte, auch mit seinen bedauerlich-negativen Auswirkungen auf den Umwelt-schutz und die Verstopfung besonderer Ziele. Es ist ein Privileg der wohlhabenden Menschen in der sogenann-ten Ersten Welt, heute überall hinreisen zu können. Ich hätte mir als Kind, aufgewachsen und eingeschlossen in der DDR, nicht träumen lassen, eine solche Kreuzfahrt zu unternehmen, von der ich Ihnen erzählt habe. Unser Bewegungsradius damals bis in die späten 80er-Jahre ging, wenn es hoch kam, bis nach Ungarn, Bulgarien oder in die Sowjetunion. Der Weg in den Westen war durch Selbstschussanlagen unpassierbar. Doch selbst heute, in der uns so selbstverständlich gewordenen Frei-heit, würde ich als »normaler« katholischer Priester mir kaum oder äußerst selten eine Kreuzfahrt leisten kön-nen. Ich erinnere mich deshalb ganz bewusst immer wieder an meine Unfreiheits-Erfahrungen in der DDR, um meine heutigen Möglichkeiten auch recht zu schät-zen. Inzwischen bin ich geradezu froh, dass ich auch die andere Möglichkeit kennengelernt habe, ein Leben hinter Mauer und Stacheldraht. Unsere Freiheit, gerade auch die Reisefreiheit, ist wie für mich damals in der DDR für viele Menschen auf der Erde immer noch kei-ne Selbstverständlichkeit und muss immer wieder neu verteidigt werden. Der Dienst als Bordpfarrer schuf mir die ungeahnte Möglichkeit, schon seit den ersten Jah-ren meines Priestertums, als ich noch ein junger Ka-plan war, unerreichbar erscheinende Ziele zu bereisen und kennenzulernen. Ich weiß, dass das ein sehr großes

Privileg ist. Deshalb überlege ich mir auch immer zweimal, wem ich von meinen Erfahrungen als Bordpfarrer auf Kreuzfahrtschiffen erzähle. Selbst unter meinen Berufskollegen, den Mitbrüdern im Priesteramt, habe ich manchmal Neid und Missgunst erfahren, wenn es um meine Reisebegleitungen ging. Es sind vergleichsweise wenige Priester, die für das Auslandssekretariat der Deutschen Bischofskonferenz Bordseelsorge leisten. Für manchen Priester kommt aus unterschiedlichen Gründen eine solche Reise nicht infrage, auch weil sie die Möglichkeiten sehr individueller, persönlicher Seelsorge an Bord nicht kennen.

Auch wenn ich von Privileg gesprochen habe, habe ich letztlich als Bordpfarrer keinen Vorteil denen gegenüber, denen solche Reisen rein finanziell unmöglich sind. Reisen bildet zwar, die eigentliche Bildung, die Bildung des Herzens, erschließt sich aber nicht nur auf weiten Reisen. Die kleinen Begebenheiten, die ich herausgestellt und in den Kapiteln dieses Büchleins für Sie nachgezeichnet habe, kann man so und anders sicher auch im eigenen Umfeld machen, ohne auf Reisen gehen zu müssen. Ich habe erfahren, dass unser normaler Alltag, wenn wir aufmerksam sind, zahlreiche Begegnungen bereithält, die tiefe Erfahrungen schenken können. Wenn wir versuchen, in den Begegnungen mit Menschen mitten im Alltag tiefer zu horchen, was uns der Mitmensch sagt und wie sich darin auch Gott kundtut, dann gewinnt auch der unscheinbarste Alltag dort, wo ich normalerweise lebe, eine große, gnadenhafte Bedeutung. So schön es war, Ihnen von meinen Reiseerlebnissen als Bordpfarrer erzählen zu können, so sehr möchte ich Sie am Ende dieses Buches doch auch ermutigen, die Erfahrungen, die Ihnen täglich geschenkt werden, in ihrer Bedeutung nicht zu verkennen. Mitten im Alltag, mitten in den Begegnungen mit Menschen und Situationen zeigt uns Gott, wo unser Auftrag ist und wie wir ihn erfüllen können.

Die Erfahrungen auf dem Schiff waren für mich wie konzentriertes Leben. Ein Kreuzfahrtschiff ist wie ein Mikrokosmos, in dem sich das Leben gleichsam bündelt und verdichtet. Moderne Kreuzfahrtschiffe mögen zwar teilweise wirken wie Hochhäuser, sind aber doch nur Nussschalen auf den Weiten der Ozeane. Die Welt im Großen verdichtet sich für die Zeit einer Kreuzfahrt in ihnen und wird zur Welt im Kleinen. Für die Seelsorge schafft das die vorteilhafte Situation, dass die Passagiere an Bord in Urlaub sind und viel Zeit haben. In solcher Situation werden seelsorgerliche Angebote gern genutzt, vielleicht bei manchen erst einmal zum Zeitvertreib, woraus aber mehr werden kann. Gott weiß, wo und wie er Menschen berühren kann; vielleicht durch die Begegnung mit einem Bordpfarrer oder eine Andacht an Bord. Wichtig ist, dass der Bordpfarrer für die Menschen berührbar und ansprechbar ist. Draußen, in unseren Pfarreien, haben wir es auf weite Strecken immer noch mit einer »Komm-her-Pastoral« zu tun, statt einer »Geh-hin-Pastoral«. Wir haben Pfarrhäuser und Pfarrbüros, Seelsorgestellen und Caritasbüros, zu denen Menschen mit ihren Wünschen und Anliegen kommen können. Diese Angebote nutzen viele aber nur in Notsituationen. Hingegen kommen sehr viele Menschen kaum oder nie mit seelsorgerlichen Angeboten in Kontakt, mit ihrer Pfarrgemeinde und den Gottesdiensten, die dort gefeiert werden, oder ihrem zuständigen Pfarrer oder den anderen Mitarbeitern in der Pfarrei. Der große Vorteil der Bordseelsorge ist, dass sich hier die Kirche einmischt, weniger als ein Gegenüber zu den Menschen, sondern als Teil der Passagiere. Deshalb ist es auch gut, dass die Bordpfarrer nicht zur Crew gehören, sondern auf der Seite der Passagiere stehen. Einziger Unterschied ist, dass sie von den Reedereien für ihren Dienst eingeladen und kostenmäßig dafür weitestgehend freigehalten werden. Der Bordpfarrer als Mitreisender und Mitpassagier muss also selbst schauen, wie er mit seinen Mitpassagieren in Kontakt kommt und welche Angebote er sinnvollerweise an Bord macht. Er findet dafür die Zusammenarbeit und Unterstützung der Kreuzfahrtleitung, die ja ein großes Interesse an seinen Angeboten hat. Neben der Erwartung eines gottesdienstlichen Angebotes an jedem Tag ist der Bordpfarrer aber sehr frei und stark auf seine Kreativität verwiesen und sollte jemand sein, der sich unters Volk mischt. Ich habe damit sehr gute Erfahrungen gemacht, denn eine Kirche, die berührbar und ansprechbar ist, nicht so sehr als ein Gegenüber, sondern ganz mitmenschlich, kann zur Helferin und Begleiterin für Menschen auf den Reisen ihres Lebens, aber auch im übertragenen Sinn auf ihren Lebensreisen überhaupt werden.

Der Mikrokosmos Schiff ermöglicht eine andere Erfahrung von Kirche. Er ist ein Freiheitsraum, in dem sie agiert, der die Freiheit jedes Einzelnen achtet. Der Bordpfarrer hat sich in Freiheit gebunden an Jesus Christus und an die Kirche und repräsentiert sie amtlich. Freiheit und Bindung sind die beiden Grundpfeiler für geistliches Tun überhaupt. Der Bordpfarrer gewinnt seine Überzeugung nicht so sehr aus seinem Titel oder Amt, sondern aus der Überzeugung, mit der er seinen Dienst versieht und dabei die Freiheit der Menschen achtet und fördert, denen er begegnet. Aus der Begegnung mit überzeugten Menschen können andere selbst überzeugend werden. Der Bordpfarrer versucht vorzuleben, was die Welt von glaubenden Menschen hat. Er steht für ein Christentum als Weggemeinschaft ein, kein Freischwimmer-Christentum.

Ich habe den Eindruck, dass die Kirche damit sehr gut den Impuls vom ersten Anfang ihrer Existenz aufnimmt und weiterführt. Das Christentum hat sich ja in den ersten Jahrhunderten nach Jesu Tod und Auferstehung von den Familien und Privathäusern aus entwickelt und ist aus ihnen heraus gewachsen. Hier wurde Leben geteilt in der Orientierung und Bindung an Jesus Christus als den Herrn und Meister und als das entscheidende Vorbild. Heute versuchen die neuen geistlichen Gemeinschaften, die in den letzten Jahrzehnten in der katholischen Kirche entstanden sind, ein solches Bild von Kirche zu leben, das sich familiär aufbaut. Kleine Zellen, die man auch als Hauskirchen bezeichnen kann, sind der Mutterboden für ein Engagement nach draußen für Jesus Christus. Im Kleinen, Familienhaften wird erprobt und eingeübt, wie Jesus-Jüngerschaft gehen kann. Wer diese neuen geistlichen Gemeinschaften erlebt und mit ihnen lebt, kann daraus selbst entscheidende Impulse bekommen für sein eigenes Leben als Christ und Christin, allein oder mit Gleichgesinnten.

Ein Bild dafür, das uns in der Schönstattbewegung, meiner geistlichen Heimat, lieb und teuer geworden ist, ist das Bild des Coenaculums, des Obergemaches, wie es die Evangelisten beschreiben, wo Jesus mit seinen Jüngern das letzte Abendmahl gefeiert hat. Im zweiten Kapitel der Apostelgeschichte berichtet die Bibel, dass sich dort nach Jesu Tod, Auferstehung und Himmelfahrt bis zur Geistsendung an Pfingsten die Jünger zusammen mit Maria, der Mutter Jesu, immer wieder getroffen haben. Hier, in diesem Obergemach in Jerusalem, haben die verängstigten Jünger und Maria sich gegenseitig gestärkt und darum gebetet, dass es irgendwie weitergeht. Ihr Herr und Meister war ja nicht mehr bei ihnen. Sie waren auf sich allein gestellt. Sie hatten Angst, dass man auch sie ergreifen und töten würde, wie sie es mit Jesus getan haben. Deshalb sind Fenster und Türen gut verschlossen. Ein kleines Häufchen ängstlicher Menschen ist in diesem Obergemach versammelt, die Apostel und Jesu Mutter, und hoffen und beten um einen Ausweg aus der Krise nach dem Karfreitag.

Dieses Coenaculum ist zu einem sprechenden Bild für die Kirche selbst geworden: Menschen, die zusammenstehen, zusammenhalten, zusammen beten und singen, damit Gott zeigt, welche Wege er vorhat. Im Bericht der Apostelgeschichte zeigt Gott unmissverständlich seine Wege: Als Gabe des auferstandenen Herrn, der in den Himmel an die Rechte seines Vaters heimgekehrt ist, bricht der Heilige Geist auf sie machtvoll ein. Der Heilige Geist ist dabei nicht nur eine Gabe Gottes, er ist Gott selbst, die dritte Person des dreifaltigen Gottes, die initiativ wird. Die Jünger und Maria werden von diesem Gottesgeist erfüllt und dadurch mutig und apostolisch. Sie öffnen die Türen und Fenster, sie gehen hinaus, sie erzählen begeisternd von ihren Erfahrungen mit Jesus Christus und dass er lebt. Tausende hören es und schließen sich den Jüngern an. Die Art, wie die ersten Jünger miteinander umgehen, dass sie alles gemeinsam haben und sich vor allem in Nöten unterstützen, sodass es keine Armen und Reichen, keine Hohen und Niedrigen unter ihnen mehr gibt, ist so überzeugend, dass in wenigen Jahrzehnten der ganze Mittelmeerraum von der Botschaft Jesu von Nazareth erfüllt ist und sich kleine Zellen als erste christliche Gemeinden bilden. Die Apostel haben an diesen Orten oft nur wenig Zeit, den Glauben an Jesus Christus zu verkünden und vorzuleben. Sie vertrauen darauf, dass der Heilige Geist nachhaltig wirkt und ihre Verkündigung weiterführt. Und dieses Vertrauen hat sich ausgezahlt: Aus dem ersten Impuls damals sind viele Gemeinden entstanden, über den ganzen Erdball hin, und auch wir heute verdanken uns letztlich diesem kleinen Beginn. Unser eigener Glaube ruht auf dem der ersten Zeugen auf. Weil unsere Eltern und andere Menschen, denen der Glaube an Jesus Christus viel bedeutete, uns einst zur Taufe getragen haben, wurden wir durch dieses Zeichen der Taufe in Christus eingegliedert, sind wir Kinder Gottes geworden und untereinander Schwestern und Brüder Jesu in der großen Familie Gottes.

Beide Überlieferungen von Maria haben nicht nur eine zeitlich-örtliche Bedeutung, sondern eine andauernd-heilsgeschichtliche für alle Zeiten: Maria unter dem Kreuz (Joh 19,25–27) und Maria im Abendmahlssaal (Apg 1,14). Ein für alle Mal ist Johannes Maria als Sohn anvertraut. Ein für alle Mal sind alle Lieblingskinder Gottes Maria als Kinder anvertraut. Und ein für alle Mal ist Maria mit den Aposteln im Abendmahlssaal versammelt und betet für die junge Kirche. Beide Bilder verlängern sich von damals über unsere Zeit heute bis hinein in die Ewigkeit. Es sind Bilder für die Kirche geworden als eine Gemeinschaft, die darauf verwiesen ist, familienhaft füreinander im Gebet und Tun einzustehen.

Diese Kirchenbilder der Heiligen Schrift drücken für mich sehr gut und eindrücklich aus, was Kirche ist und sein muss. Ein Kreuzfahrtschiff ist eine gute Gelegenheit, solche Kirchenbilder einzuüben. So sind wir angekommen am Ziel unserer Reise. Doch dieses Ziel ist kein endgültiges Ziel. Es ist ein Etappenziel, denn es geht ja wieder zurück, zurück ins normale Leben. Im Leben haben wir auch immer wieder Ziele, kommen immer wieder an – das endgültige Ankommen findet aber erst danach statt. Das existenzielle Fernweh wird erst dann gestillt. Oder, um es mit Augustinus zu sagen: »Unruhig ist mein Herz, bis es ruht in Dir, o Gott.«

Postludium

Ankunft *oder* Neuer Aufbruch

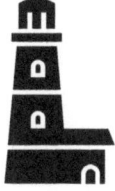

Wir waren auf unsere Kreuzfahrt gestartet mit dem Virus, das einige Passagiere von einem Dreitagestrip ins Hochgebirge mit an Bord gebracht hatten. Für eine knappe Woche bedeutete das Einschränkungen für alle Passagiere an Bord. Im Vergleich zu dem, was wir aktuell in der Coronapandemie erleben, in der Menschen in Frankreich oder Italien kaum noch ihre Wohnungen verlassen dürfen, waren die Einschränkungen an Bord sehr leicht zu verkraften.

2019 brannte kurz vor Ostern der Dachstuhl der Pariser Kathedrale Notre-Dame. Dieses Jahr zu Ostern mussten Gotteshäuser, nicht nur christliche, beinahe weltweit für öffentliche Gottesdienste geschlossen werden. Sind das nicht Zeichen, Aufrufe und Warnungen? Aber wie interpretieren wir sie recht? Um die Sprache Gottes in den Ereignissen unserer Welt verstehen zu können, braucht es die Unterscheidung der Geister, geistige Unterscheidung.

Sind die während der Coronakrise leeren Kirchen womöglich ein Blick in die Zukunft? Denn für die leeren Kirchen gestern, heute und morgen sind ja nicht nur äußere Einflüsse wie der Säkularismus oder die aktuellen Corona-Einschränkungen verantwortlich. Sind unsere Kirchen nicht schon seit Längerem in manchem auch innerlich leer und hohl? Ist nicht auch das Christentum, neben unserer Gesellschaft, letztlich krank?

Hat die Globalisierung ihren Höhepunkt erreicht? Es zeigt sich ja jetzt umso stärker die globale Verwundbarkeit unserer globalisierten Welt. Nicht erst heute gibt es ja die bösartigen Viren Angst, Hass, Populismus und Nationalismus in unserer Zeit.

Ja, neben der Gesellschaft macht auch das Christentum einen enormen Transformationsprozess hin zu einer neuen Gestalt durch. Nicht nur »die Welt« muss umkehren, auch wir als Christen und als Kirche müssen umkehren! Umkehr meint hier nicht nur eine Verbesserung, sondern tiefe Erneuerung und Neuwerdung, eine Wende vom statischen »Christ sein« hin zu einem dynamischen »Christ werden«. Gläubige müssen Suchende werden, für die der Glaube kein ererbtes Eigentum, sondern ein Weg ist. Damit werden auch vermeintliche Ungläubige leichter ihrer Sehnsucht nachgehen können nach Sinn, Wahrheit und Ewigkeit. Statt Ungläubige bekehren zu wollen, wollen wir sie begleiten mit der Bereitschaft, voneinander zu lernen. Der orthodoxe Theologe Paul Evdokimov sagt: »Wir wissen, wo die Kirche ist, aber wir wissen nicht, wo sie nicht ist.« Jetzt ist die Zeit, Gott in allen Dingen zu suchen.

Papst Franziskus wünscht sich die Kirche als Feldlazarett. Die Kirche ist einer der ersten, wenn nicht der erste Global Player. Im Moment ist die Kirche nicht nur von eucharistischem Fasten geprägt, sondern auch vom Fasten vom kirchlichen Betrieb. Ich denke, die Kirche sollte diese Zeit gut nutzen auch zu einem gründlichen Nachdenken über unsere gewohnte religiöse Betriebsamkeit.

Die aktuelle Krise mit ihren Ausgangsbeschränkungen und stark reglementierten öffentlichen Gottesdiensten verweist uns auf die Hauskirche. Christus verheißt uns: »Wo zwei oder drei in meinem Namen versammelt sind, da bin ich mitten unter ihnen.« Vielleicht braucht es dafür weniger Online-Übertragungen von klassischen Orten der Gottesverehrung als mehr das wachsende Bewusstsein, dass Jesus in unserer Mitte ist, wo immer wir uns in seinem Namen versammeln. Die Kirche hat in vielen Gebieten dieser Welt lange Zeiten ohne Priester überlebt. Das, was uns heute als Ausnahmezustand erscheint, war dort lange Normalzustand. Von daher muss heute angesichts massiv zurückgehender Priesterzahlen die Frage sein, wie auch die Laien stärker Apostel werden können.

Der nachösterliche Christus ist äußerlich nicht der vorösterliche. Er ist äußerlich verwandelt. Nur die Wundmale sind die äußere Verbindung zum vorösterlichen Christus. Die Kirche von morgen muss eine erneuerte sein. An die Kirche von gestern werden freilich auch weiterhin die Wunden erinnern, die notwendigerweise zu ihr gehören. Suchen wir den Lebenden nicht unter den Toten! Vielleicht erscheint er uns zunächst als Fremder. Machen wir uns auf nach Galiläa. Dort werden wir ihn (anders) sehen!